Mariano Tomatis

LA VEGGENTE INDECOROSA DI LOURDES

STORIA PROIBITA DI JOSÉPHINE ALBARIO

eris

Collana BookBlock+
Questo libro esiste grazie a:
Mariano Tomatis: autore
Lorena Canottiere: illustrazioni
Marco Petrucci · Testi Manifesti: cover design
Rachele Cinerari: editing
Anna Matilde Sali: redazione e correzione bozze
Sonny Partipilo: redazione e impaginazione
Martina Campanini: redazione e ufficio commerciale
Francesca Ruggiero: redazione e ufficio stampa

Eris (Ass. cult. Eris)
Piazza Crispi 60, 10155 Torino
info@erisedizioni.org - www.erisedizioni.org

Prima edizione Novembre 2022
ISBN 9791280495464

FSC www.fsc.org MISTO Carta da fonti gestite in maniera responsabile FSC® C007287

Stampato presso:
Geca Industrie Grafiche
Via Monferrato 54
S. Giuliano Milanese (MI)

A Salomé Simon

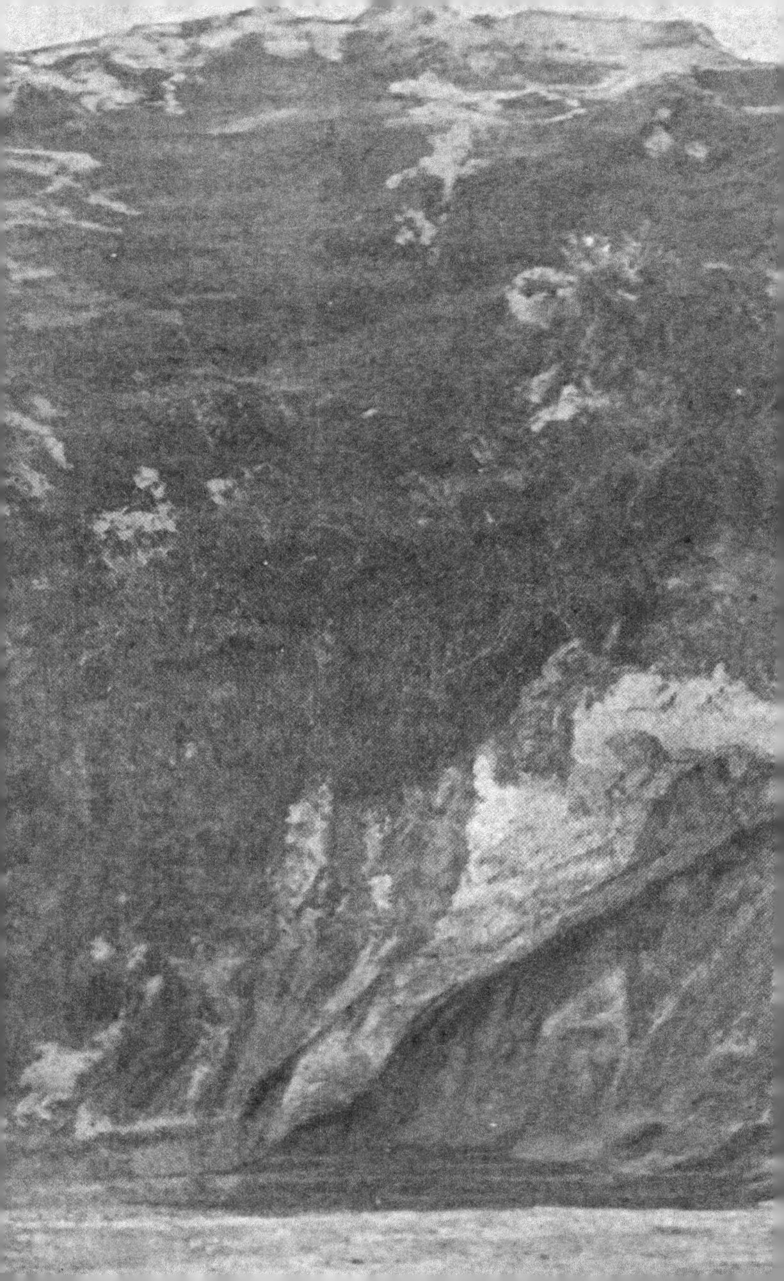

Percorrendo con l'auto la Route Nationale 21, trovo ad accogliermi in città una gigantesca lettera M luminosa. La osservo con un misto di apprensione e sorpresa: il centro abitato che scorgo in lontananza non è tra i più ospitali e perfino una delle mie autrici di riferimento – Clara Gallini – aveva tentato di visitarlo ma senza successo: «Da [lì], quando ci andai una decina di anni fa, sono letteralmente scappata.» Un rapido sguardo ai miei appunti e... no, questa installazione al neon non c'era ancora negli anni '80; in caso contrario, l'etnologa le avrebbe dedicato qualche riga. Nella piccola Las Vegas dei Pirenei, le cui mille luci psichedeliche sono tutte per la Madonna, è ironico trovare una voce fuori dal coro nella grande M di un McDonald's.

Ironico e di buon auspicio, perché segno che quanto sto cercando – la devianza e lo slittamento spiazzante – si è insinuato anche qui. Ho bisogno di una veggente per accostarmi alla città che ho appena raggiunto: mi sarà utile per vedere dietro la cortina di luce, perché questo è un luogo che abbaglia e nasconde. La donna che ho in mente è una figura elusiva. Chi si spinge fino a questa remota periferia, inoltrandosi nella valle del Gave de Pau, lo fa per incontrare due donne che mettono in ombra ogni altra cosa; qui si venerano la Vergine Maria e la sua veggente, Bernadette Soubirous. Nessuno viene a Lourdes per cercare Joséphine Albario.

E invece proprio per lei ho raggiunto il sito *mariano* più importante della cristianità: luogo dei miracoli per eccellenza, non è solo il posto giusto per investigare le sconvolgenti ripercussioni di un fenomeno paranormale, ma anche un serbatoio di storie con cui forzare le barriere dell'immaginario intorno al (e a partire dal) mio nome di battesimo.

Fino alla prima metà dell'800, la cittadina era stata il classico borgo rurale di frontiera, dominato da una fortezza e in perenne stato di turbolenza per la prossimità del confine: una comunità di quattromila anime dedite all'agricoltura e all'allevamento dei maiali. Nel 1858 Lourdes cambia volto all'improvviso quando la Madonna decide di rivelarsi a una quattordicenne del luogo, mostrandosi attraverso un varco inter-dimensionale: una nicchia tra le rocce che mette in comunicazione cielo e terra. Dall'11 febbraio al 16 luglio, per diciotto volte Maria di Nazareth incontra la piccola Bernadette presso una cavità naturale a ovest del centro abitato: la grotta di Massabielle.

La notizia delle apparizioni si diffonde in un attimo. In pochi giorni, l'esperienza privata della ragazza si trasforma in un imponente spettacolo pubblico; l'8 marzo 1858 sono già ottomila le persone accorse per assistere alle visioni. L'area boschiva di fronte alla grotta diventa un teatro a cielo aperto, dove va in scena uno spettacolo strano: diversamente dalle spettacolari *fantasmagorie* – le rudimentali evocazioni pubbliche di spettri realizzate con la lanterna magica – a Lourdes l'immagine della Madonna resta confinata dietro le palpebre di Bernadette Soubirous; la veggente deve raccontare a voce ciò che solo lei può vedere e sentire. L'estasi in cui cade ricorda lo stato di sonnambulismo, ma (ed è una novità) non serve un magnetizzatore maschio a produrla; chi crede che si tratti di una simulazione lo verifica come fanno i medici quando vogliono smascherare le false sonnambule, ovvero infilando un grosso spillo nella spalla della quattordicenne: l'assenza di reazioni indica che non sta fingendo.

Al termine delle apparizioni sulla grotta viene eretto quello che in pochi decenni diventerà il santuario mariano più noto del mondo cattolico; da allora, con sei milioni di visitatori ogni anno, Lourdes è una delle più frequentate mete turistiche di Francia e del mondo.

CAVITÉ DES VISIONNAIRES.
260
380

LA GROTTE EN 1858

Il s'agit là **d'un schéma** et non d'une coupe. En effet les differentes cavités ne sont pas tout à fait dans le même plan.

Nous empruntons l'essentiel de ce schéma à Norbert Casteret : **« En Rampant »**, Paris, 1943, page 92, mais avons introduit quelques modifications.

1° Nous avons mis en pointellè l'état actuel.

2° Ajouté en traints pleins, d'après les documents d'èpoque, l'état du sol en 1858.

3° Ajouté quelques cotes prises sur place.

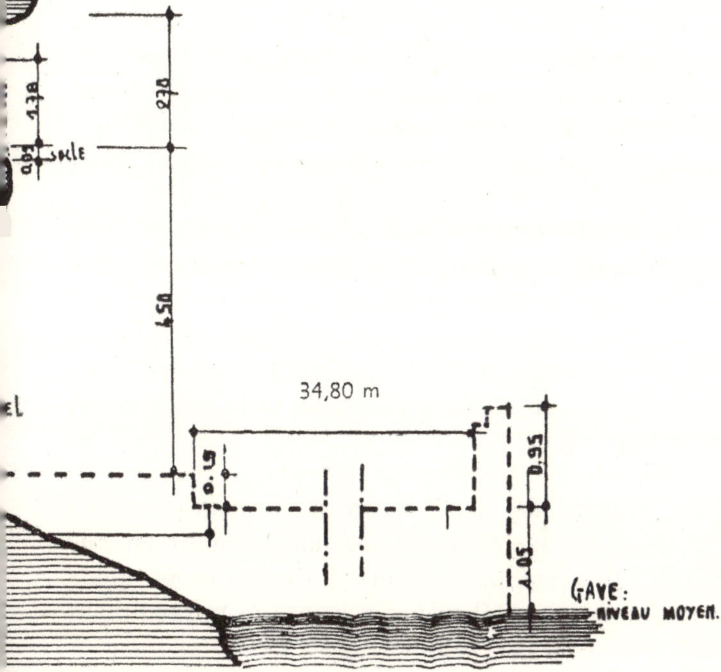

Lourdes è diventata Lourdes perché una giovane ha avuto delle visioni e milioni di persone le hanno creduto e continuano a crederci. Quella vicenda si è conquistata il centro della scena, attirando su di sé i riflettori e oscurando ogni dettaglio sullo sfondo. Oggi a Lourdes si racconta una e una sola storia: non c'è altro, al di fuori dell'incontro tra Maria e Bernadette; la città pare esistere solo come fondale per quella rivelazione soprannaturale. Qui si viene solo in pellegrinaggio. Ogni sguardo che non sia devozionale viene rimosso, espulso, condannato. Se n'era accorto Émile Zola, che i canali social di fine '800 avevano ricoperto d'odio dopo la pubblicazione del suo romanzo *Lourdes* (1894). L'autore francese aveva raccontato una sensazione diffusa, tra chi visita la città senza spegnere il senso critico: la nausea. È lo stesso senso di ripugnanza testimoniato dall'etnologa Clara Gallini e la sociologa Ruth Harris nei due libri che, insieme al romanzo di Zola, mi hanno accompagnato attraverso meraviglie e contraddizioni di questo luogo: *Il miracolo e la sua prova. Un etnologo a Lourdes* (1998) e *Lourdes. Corpo e spirito in un'epoca secolarizzata* (1999). Un senso di soffocamento che, ai miei occhi, è un invito ad aprire le finestre per cambiare aria.

Indagando le origini di quel disagio, saltano all'occhio due elementi che hanno seguito gli episodi di veggenza, facendo di questo luogo qualcosa di unico. Il primo è legato ai miracoli: sin dai giorni delle apparizioni, nei pressi della grotta avvengono guarigioni prodigiose. Per questo motivo, sono soprattutto le persone malate a raggiungere Lourdes in cerca di cure. Il paranormale non ha fornito solo la scintilla da cui tutto è nato, ma continua ad alimentare il fuoco dei pellegrinaggi: gli episodi miracolosi ufficializzati fino a oggi ammontano a settanta. L'aspetto subdolo è che quei prodigi non sono gratis. Dio li concede a chi si adegua a un modello ben preciso, legato al secondo ingrediente in gioco: un elemento che ha a che fare con la politica.

Come ricorda la gigantesca corona dorata che sormonta la cupola del santuario, le apparizioni trasformano Lourdes in un punto di riferimento per chi auspica il ritorno del Re e di una teocrazia sovranista. Alleandosi con la Chiesa, le frange più conservatrici di Francia fanno della cittadina pirenaica una capitale spirituale da contrapporre a Parigi, la città del progresso, dei Lumi e della laicità: Lourdes diventa un presidio reazionario a difesa della Tradizione, un argine contro la modernità, il positivismo e l'approccio laico alle questioni etiche. Dal 1873, il luogo è la meta di un pellegrinaggio nazionale che si tiene annualmente: una manifestazione sempre più imponente, dove un tempo riecheggiavano slogan antisemiti e antirepubblicani e ogni nuovo miracolo è ancora considerato un *endorsement* celeste.

La spinta a restaurare il fervore e le modalità della religiosità medievale si riflette nell'architettura dei luoghi: il santuario di Lourdes ricorda il castello di Cenerentola a Disney World perché entrambi fanno appello a un Medioevo immaginario e fiabesco, dove la magia è un ingrediente della realtà quotidiana. I due luoghi si somigliano anche per il fiume di denaro che li attraversa, perché entrambi traggono enormi profitti dal meraviglioso. Arrivando in città da Tarbes, la grande M del McDonald's inaugura una disordinata serie di luci che illumina a giorno le strade della città vecchia. Mentre mi inoltro per la via che porta al Santuario, enormi scritte al neon pretendono la mia attenzione in un'esplosione di colori che non ci si aspetta in un borgo di montagna; quella che un tempo era la strada dei mulini, oggi ha l'aspetto di un boulevard di Sin City. Se Lourdes rifiuta la modernità, lo fa in modo selettivo, chiudendo un occhio sulla proliferazione di alberghi, negozi, cliniche e souvenir per ogni fascia di prezzo. Quando le strade si riempiono di barelle e i lamenti dei malati si confondono con il suono dei registratori di cassa, per uno spettatore impreparato, la scena è sconvolgente. Si oscilla tra la pietà, la condanna e lo sgomento, perché – come spiega bene Clara Gallini –

> Lourdes sembra riportare nell'età moderna le ombre di un passato che ormai si credeva estinto in virtù del progresso della ragione, coi suoi lumi, e della scienza, col suo metodo.

Un territorio tanto eccentrico e scottante provoca un groviglio di sensazioni così contraddittorie che rispetto a Lourdes non si può rimanere neutrali. Una volta accettato di varcare una certa soglia, non si può rimanere impassibili.

Fuggita dalla città fisica, Gallini si era rifugiata in quella letteraria, raccontata da Zola. Tra le sue pagine aveva trovato nel personaggio di don Pietro lo stesso suo sgomento, espresso lungo la via dei negozi che sto percorrendo. Il romanzo descrive quello che mi sta passando davanti agli occhi; qui, ieri come oggi,

> le statuine, le medaglie, i rosarii, pareva che non dovessero mai aver fine, una vetrina continuava l'altra, dei chilometri si tendevano così, lungo le vie della città intera, occupata dallo stesso commercio, con la vendita degli stessi articoli.

Tra le mille voci, una pronuncia l'indicibile:

> Ma è orrenda tutta questa roba [...] Bisogna amare con gran fervore il Signore

> Iddio per avere il coraggio di venirlo ad adorare fra simili orrori!

Don Pietro non ne fa una questione di estetica, ma trova in quegli eccessi

> la cagione del disgusto che risentiva dacché era giunto a Lourdes. Quel disgusto proveniva dal disaccordo fra l'ambiente [...] moderno, e la fede dei secoli scorsi, di cui si tentava la risurrezione.

In quel Gran Bazar che si appella al meraviglioso e al leggendario per consolidare la fede nella dottrina cattolica, il sacerdote compie la mia stessa scelta, acquistando l'unico souvenir in cui si scorge un barlume di verità:

> Un ritratto di Bernadette [...] in ginocchio, vestita di nero, con un fazzoletto di seta sui capelli, la sola fotografia fatta dal vero, a quanto si diceva.

Con il suo aspetto innocente, l'immagine ci riconnette a un borgo che non esiste più, perché il 1858 ha segnato uno spartiacque cruciale, creando due città distinte:

> L'antica Lourdes così onesta, così pia nella sua placida solitudine; la nuova Lourdes

> viziata, guasta dal movimento di tanti milioni, di tante ricchezze, sempre rinnovate ed accresciute, ammorbata dalla piena, sempre maggiore, di forestieri che attraversavano la città a corsa, dal soverchio affollarsi e stiparsi della gente, dal contagio dei mali esempi.

Per chi cercasse la Lourdes dei bei tempi andati, quelli in cui scrivo sono i giorni giusti: la pandemia ha messo in ginocchio il turismo e oggi – svuotata dalle folle oceaniche – la città è un po' più vicina a quella di metà '800. Io, però, non sono qui per questo: per compiere quel viaggio nel tempo basta leggere Zola.

No: a interessarmi sono le implicazioni dell'aggettivo che è anche il mio nome di battesimo, che qui si vedono meglio che in qualunque altro posto. Usando la Madonna come tramite, a Lourdes Dio concede miracoli solo a chi ne segue l'esempio, ovvero a chi si dimostra autenticamente *mariano*. Il sottile ricatto impone ai fedeli un'adesione alla morale cattolica che ha come modello la madre di Gesù: chi si candida al miracolo deve essere modesto, beneducato, volenteroso, misurato e dimostrare una remissiva devozione verso le gerarchie.

Prima di me, Michela Murgia aveva confessato di aver

> patito spesso rappresentazioni limitate e fuorvianti di [sé] come donna, il più delle volte contrabbandate attraverso altrettante povere interpretazioni della complessa figura di Maria di Nazareth.

Come maschio, non mi sento estraneo alla faccenda: si tratta, infatti, di un

> imprinting culturale [...] [che] continua a condizionare il nostro stare insieme da uomini e donne con tanta più efficacia quanto meno viene compreso e criticato.

In un libro che ha come sottotitolo *E la Chiesa inventò la donna*, l'autrice spiega i modi in cui la dottrina cattolica ha fatto di Maria un modello che serve a rendere docili le donne: uno stereotipo culturale che attribuisce al femminile una naturale propensione alla tenerezza e all'accudimento, contrapposta alla razionale funzione di guida riservata all'uomo. È un punto di vista funzionale al sistema patriarcale, perché silenzio e remissione femminili sono virtù fondamentali per la costruzione di una famiglia tradizionale, basata sul matrimonio di una coppia eterosessuale, in cui autorevolezza morale, prestigio e forza psicologica sono monopolio del maschio. Come stupirsi se Lourdes è diventata la Pontida di Francia?

Leggendo *King Kong Theory* (2019) colgo ancora meglio lo scivoloso legame tra il culto della madre di Dio e la virata politica del suo santuario; Virginie Despentes spiega lapidaria che «investire la madre di tutte le virtù significa preparare il corpo collettivo alla regressione fascista.» L'attivista francese mi impedisce di sentirmi estraneo al meccanismo: *credi davvero che, in quanto maschio e non credente, la faccenda non ti riguardi?* Mica è un caso che la maternità sia l'aspetto più glorificato della condizione femminile:

> La mamma sa cos'è giusto per il suo bambino, ce lo ripetono in tutte le salse, quasi avesse questo potere intrinseco straordinario. Replica domestica di quanto si profila a livello collettivo: [...] uno stato che si pone come madre onnipotente è uno stato fascistoide. Il cittadino di una dittatura torna allo stadio neonatale: pulito, sfamato, tenuto in fasce da una forza onnipresente, che sa tutto, che può tutto, che su di lui ha ogni diritto, per il suo bene.

Le prime a subire la riduzione di Maria al ruolo materno sono le donne. È un'associazione pericolosa, che incorpora l'idea che la donna abbia valore solo in relazione alla sua specifica funzione biologica. Michela Murgia invita a riconoscere il complesso lavoro autoriale dietro la figura della Madonna, o

> non si comprenderà mai la docilità, e persino la complicità, di tutte le donne credenti che nei secoli si sono dovute forzatamente veder rappresentate solo con l'immagine e il ruolo che altri avevano deciso per loro.

Come risultato, l'aggettivo "mariano" è diventato sinonimo di subordinazione, sacrificio, mitezza, accudimento e grazia.

No, non porto un nome confortevole. E se ripercorro l'evoluzione di Lourdes in quello che è diventata, mi dico che non poteva andare peggio. Ma forse poteva andare meglio. Rifiutando la deprimente prospettiva per cui "non c'è alternativa", Ruth Harris suggerisce di abbandonare ogni visione provvidenziale della Storia:

> Il modo in cui il santuario superò ogni avversità spiega la tentazione di vedere nel suo successo un'espressione della divina provvidenza. Ma nulla di questo fu inevitabile, perché Lourdes avrebbe potuto svilupparsi in un'infinità di modi diversi.

Lo dico senza giri di parole: se mi trovo a Lourdes lo devo a questa singola frase. La sociologa non scrive di fantascienza, eppure gli infiniti "modi diversi" in cui avrebbe potuto svilupparsi la vicenda mi costringono a confrontarmi con un'immagine degna di un racconto di Borges; è l'idea dietro *Il giardino dei sentieri che si biforcano* (1941), che descrive un romanzo in grado di mappare tutti i possibili risultati di un evento, ognuno dei quali conduce a un'ulteriore moltiplicazione di conseguenze, in una continua ramificazione dei possibili futuri.

La cittadina in cui mi trovo fa di tutto per difendere la sola e unica linea temporale che si è imposta, rimuovendo ogni cosa che non le si conforma; si tratta dello stesso impegno messo dalla Chiesa per trasformare la Madonna (e l'aggettivo "mariano") in una pratica checklist di virtù a cui aderire. La madre di Cristo è stata trasformata in una donna docile e remissiva, attraverso la progressiva eliminazione dal racconto popolare di tutti gli aspetti della sua figura incompatibili con tale rappresentazione.

Lourdes è stata sottoposta allo stesso maquillage. Spianate le rughe, rimosse le erbacce, sanati i dintorni della grotta, oggi i luoghi delle apparizioni hanno perso l'aspetto aspro e selvaggio di un tempo. Levigate collinette hanno sostituito la nodosa vegetazione attraversata dal Gave. Il corso del fiume è stato spostato, per consentire ai pellegrini di sostare davanti alla grotta di Massabielle senza bagnarsi i piedi o inciampare in una radice. Se dovesse tornare in paese, neppure Bernadette riconoscerebbe il luogo delle visioni, dopo una bonifica tanto radicale. Tirata a lucido come un quartiere appena gentrificato, l'area è diventata *decorosa*, per usare un termine caro alla buona borghesia delle nostre città; eppure, la bibbia di queste parti – l'*Istoria di Nostra Signora di Lourdes* (1868) di don Henri Lasserre – racconta che «fino al 1858, non v'avea nelle vicinanze [...] luogo più solingo, selvatico e deserto delle rocce Massabielle.» L'area della grotta non sembrava un campo da golf con i suoi

> enormi massi caduti dalla montagna, [...] [e] spinai, noci, rosai ed altri alberi, di cui il vento schianta sovente i rami [...] venuti su tra le spaccature della roccia.

Lo stesso trattamento normativo verrà riservato a Bernadette.

In occasione delle prime apparizioni, la bambina non riconosce la donna vestita di bianco, e parla di lei usando un termine generico: *aquerò*, in dialetto "quella". Le ipotesi sull'identità dell'apparizione si moltiplicano: è il diavolo? È la signora Elisa Latapie, morta di recente? Un'altra anima del purgatorio? È una fata dei boschi della tradizione celtica? Forse la Dama Bianca di cui parlano le leggende dei Pirenei? Essendo i giorni di Carnevale, non si può escludere che la piccola stia giocando uno scherzo. O forse, denutrita com'è, ha solo avuto un'allucinazione. Un intrico di possibilità tanto contraddittorio invoca l'uso della ruspa, che spiani ogni cosa e faccia piazza pulita di ciò che può creare disordini, specie perché l'interesse sulla vicenda cresce di giorno in giorno, insieme al carisma della bambina. Per il parroco del luogo, le alternative si riducono a due: se non è un'allucinazione, è Maria di Nazareth.

Bernadette si guadagna il beneficio del dubbio perché, durante le apparizioni, il suo corpo è l'espressione massima del decoro: in segno di umiltà, si toglie le scarpe per attraversare il Gave e raggiungere la grotta; poi si inginocchia, limitandosi a sgranare il rosario, unire le mani in preghiera e tacere. Sono espressioni contenute e piene di grazia, lontane dalle urla e dai tremori delle indemoniate, quindi accettabili. Perfino i critici, come il capitano d'Angla, descrivono una veggente «priva di alcuna ripugnanza e di alcuna smorfia: era una bella visione»; l'esattore Estrade vede in lei «un angelo in preghiera, sul cui viso si riflettono tutte le estasi del paradiso.» Quando piange, il suo volto mantiene il nitore di una bambola di porcellana: le sue lacrime sono più pure dell'acqua e tutto nella sua figura rimanda alle sante in estasi. Poiché chi assiste alle apparizioni non vede alcuna donna luminescente nella nicchia della grotta, lo spettacolo ha al centro Bernadette, la cui compostezza rassicura le autorità ecclesiastiche. A sottolineare l'importanza del decoro è l'apparizione del 25 febbraio, quando inaspettatamente la veggente gratta il suolo fangoso, se ne imbratta la faccia, beve dell'acqua sporca e la sputa; quando viene a saperlo, il parroco la rimprovera: quello è un comportamento da animali.

Quando finalmente l'apparizione svela la propria identità, il sacerdote tira un sospiro di sollievo: *aquerò* si presenta come «l'immacolata concezione». È il 25 marzo, e la strana espressione è una buona notizia anche per il Vaticano: significa che la madre di Gesù è stata concepita senza peccato originale, ed è una conferma celeste di ciò che il papa ha decretato quattro anni prima, proclamandone il dogma. Se Bernadette avesse riconosciuto nella donna una figura diversa – che so? La dea Diana – questo sarebbe rimasto l'anonimo borgo che è sempre stato; ma *aquerò* è la Madonna, e se stessi montando un documentario, sovrapporrei all'immagine del parroco la voce di Mike Bongiorno che esclama entusiasta: «Risposta esatta!»

Prima di appoggiare ufficialmente le apparizioni, la Chiesa si assicura che la bambina eviti ogni protagonismo, e, soprattutto, che non approfitti della notorietà per proporre una spiritualità alternativa e sostituirsi ai sacerdoti. Sono timori infondati: Bernadette si dimostra la persona più obbediente, remissiva e pacata del mondo. A riprova che fino a quel giorno è passata inosservata a tutti, il vecchio parroco don Pomian non ricorda neppure di averle insegnato il catechismo. Prestandosi al lavoro di "ripulitura" cui è stata sottoposta la figura della Madonna, Bernadette è pronta per diventare la grande coprotagonista della storia di Lourdes. L'operazione autoriale si svolge su due livelli. Sul piano pubblico, la bambina diventa uno specchio della donna che le è apparsa: una vergine che ha accolto senza obiezioni il mistero della rivelazione, consacrandosi alla figura di Cristo. Per evitare che possa interferire con la costruzione di quel santino lucido e levigato, Bernadette viene esiliata dalla cittadina, chiusa in un remoto convento e fatta tacere per sempre.

Sul piano privato, le cose sono più tese. Istruiti a ricordarle quotidianamente che deve tenere la testa bassa, i tutori di Bernadette la sottopongono a umiliazioni continue; quando la presenta ai colleghi sacerdoti, il parroco Peyramale esclama con disprezzo:

> Ecco la bambina di cui mi avete chiesto. La Santa Vergine l'ha ricoperta di benedizioni che non meritava, perché molti

> dei suoi amichetti ne sarebbero stati ben più degni.

Qualche anno dopo, quando la ragazza è ormai lontana dai riflettori, una suora la ritrae (in sua presenza) come un'ingrata:

> [Una cosa] la Santa Vergine non ha ancora fatto a Bernadette: convertirla pienamente. Nonostante abbia ricevuto tutti questi doni, questa povera ragazza è ancora sulla strada del purgatorio.

Raccontando con un misto di pena e orrore il trattamento schizofrenico riservato alla giovane, Ruth Harris mi invita a cercare - sul souvenir che ho appena comprato - il minuscolo dettaglio che mette in crisi la solidità dell'operazione:

> Come sulle fotografie che cercano di catturarla nel momento delle apparizioni, Bernadette obbedì, dando però l'impressione che il suo cuore fosse altrove.

Per farsi un'idea di quello che è stato rimosso, la studiosa consulta la posta della veggente, dove sopravvivono piccole tracce di umanità scampate alla bonifica e alcuni sono frammenti tenerissimi, uno per tutti: lo scambio con un giovane sacerdote che, tramite un sotterfugio, era riuscito a recapitarle un proprio ritratto, evitando che la lettera fosse intercettata dalle consorelle. Bernadette fu entusiasta di ricevere quell'immagine e, in un raro momento di civetteria, ammise di averla rimirata più volte. Scritte in occasioni in cui riusciva a forzare le restrizioni che le venivano imposte, per Ruth Harris – che ha potuto consultarle – «le lettere tradiscono tratti passionali, maliziosi e perfino ribelli nel suo temperamento.»

Non è civettuola la veggente venerata sugli altari. Qui a Lourdes sono piuttosto le versioni rivedute e corrette di Bernadette e della Madonna a dominare (e saturare) la scena. Da illusionista, mi ricordano la luce che abbaglia il pubblico per nascondere l'istante in cui avviene il prestigio. Se fossi un debunker, mi affretterei a togliere la corrente e gridare al pubblico che la regina è nuda, ma la mia militanza nel CICAP è solo un lontano ricordo. Non sono qui per sottrarre incanto agli episodi di veggenza, mostrandone punti deboli e incoerenze con uno spietato *fact checking*. Dopotutto, sono in verità sulle tracce di Joséphine Albario, la veggente numero due, che di Bernadette fu l'immagine in negativo. Ad atterrirmi è la deriva totalitaria di questo luogo, che al mio nome ha associato virtù utili a perpetuare un sistema oppressivo e liberticida.

Contro queste forze, trovo sterile un appello alla ragionevolezza; contrapporsi alla gentrificazione dell'immaginario impone, al contrario, di diventare veggenti migliori.

Italo Calvino nelle sue *Lezioni americane* (1988) individuava nella capacità di vedere una virtù fondamentale del nostro tempo:

> Se ho incluso la Visibilità nel mio elenco di valori da salvare è per avvertire del pericolo che stiamo correndo di perdere una facoltà umana fondamentale: il potere di mettere a fuoco visioni a occhi chiusi.

L'autore fa riferimento all'immaginazione «come repertorio del potenziale, dell'ipotetico, di ciò che non è né è stato né forse sarà ma che avrebbe potuto essere.» E se è vero che Lourdes avrebbe potuto svilupparsi in un'infinità di modi diversi, Joséphine Albario sarà la mia guida attraverso la regione da cui originano i possibili, le biforcazioni e le alternative o, per usare un'espressione di Stefania Consigliere, il luogo «dove gli scarti, i fantasmi e i futuri non realizzati vivono una vita postuma.»

La sociologa mi mette in guardia: la mia apertura al meraviglioso mi espone al ridicolo, perché

> in quanto moderni, abbiamo dovuto imparare a ignorare i nostri sogni [...] a te-

> mere le intuizioni e [...] a ignorare le sincronicità, il perturbante e l'analogia; [...] se pure queste cose le viviamo, in quanto moderni siamo tenuti a non farcene mai niente: non pensarle, non esplorarle, non cogliere le possibilità di altrimenti che portano in sé.

L'obbligo del disincanto, però, può accecare quanto il suo contrario, come fa notare l'autrice di *Favole del reincanto* (2020):

> Dire che uno "vede la Madonna" è un po' come dire che ha le traveggole ed è diventato matto, ma cosa dobbiamo dire di chi non la vede mai? Perché, come ci sono quelli che ogni tanto vedono la Madonna, così ci sono anche quelli che non la vedono mai. [...] Un tale [...] su incarico della Protezione Civile aveva compilato l'inventario delle opere d'arte conservate in un monastero. Ebbene, costui era stato capace di scrivere: "In fondo al corridoio c'è un quadro che rappresenta una giovane mamma con il bebè sulle ginocchia. Particolarità: la testa della donna è sovrastata da un anello dorato." Fin dove può spingersi questo tipo di visione o, se si preferisce, di antivisione? Perché dopo tutto, a ben guardare, lì sulla tela non ci sarà stato altro che un insieme di mac-

chie colorate racchiuse in una vecchia cornice di legno.

Per raccontare la storia della seconda veggente mi siedo davanti alla grotta di Massabielle. L'emergenza pandemica l'ha resa inaccessibile, ma normalmente i pellegrini possono entrarvi e percorrerne i pochi metri, accarezzandone le pareti umide. Bernadette aveva visto la Madonna nella nicchia che oggi ospita la statua della Vergine, ma c'è un secondo anfratto in cui l'occhio si perde nell'oscurità. All'epoca, qualcuno ipotizzava che *aquerò* potesse sparire rifugiandosi in quella cavità e riapparire uscendone. È il commissario di polizia Jacomet a descrivere il

> corridoio che si insinua nella roccia verso l'alto, attraverso un pendio abbastanza ripido. Per arrivare a quell'apertura si deve usare una scala, e si è costretti a percorrere quattro metri a carponi; al fondo si apre una stanza ovale di due metri e sessanta di diametro, che poi si restringe di nuovo.

Nell'immaginazione popolare, quello spazio misterioso diventa oggetto di una curiosità morbosa, ma come stupirsi? Da sempre le grotte ospitano creature mitologiche, proteggono tesori favolosi e custodiscono segreti che devono restare tali.

Molte donne tentano di accedervi, nonostante sia piuttosto rischioso. Alla spedizione del 17 aprile 1858 prende parte anche Joséphine Albario, una diciassettenne del posto. La ragazza si distingue da Bernadette mostrandosi sprezzante di ogni regola. Per montare sulla scala e inoltrarsi nella grotta, sale con i piedi sull'altare e assume posizioni che il commissario di polizia giudica al contempo indecenti, pericolose e immorali; allarmato per quella spedizione al femminile, l'ufficiale ne sottolinea l'i-

narrestabilità: «Né l'altare, che bisognava calpestare, né la decenza... nulla ha potuto fermarle.»

Lo scandalo coinvolge potenti elementi simbolici; Ruth Harris sottolinea l'inconscia associazione di quelle profondità con quelle del corpo femminile: più ancora della nicchia in cui la Vergine era apparsa, si trattava di cavità segrete e misteriose, un luogo chiuso, scuro e umido, ora soggetto a una sorta di penetrazione trasgressiva.

Devo a René Laurentin la possibilità di ricostruire quello che accade in quei giorni: i sei volumi della sua serie *Lourdes. Documents authentiques* (Lourdes. Documenti autentici) riportano un dossier compilato con metodo e meticolosità, denso di dettagli preziosi. In quel sabato di aprile, nei recessi segreti della grotta ci sono perfino due uomini. Raggiunta la stanza ovale, il gruppo si mette a pregare e all'improvviso Joséphine inizia ad agitarsi: caduta per terra, alterna risa e pianti a dirotto, contorcendosi furiosamente. La crisi dura tre quarti d'ora, durante i quali le persone presenti cercano invano di tranquillizzarla, chiedendosi come potranno portarla fuori da lì. Accompagnata con difficoltà all'esterno, la ragazza è accolta da una folla commossa che la scorta a casa, fino alla camera da letto. Quando torna in sé, racconta di aver visto nella grotta «l'Immacolata Concezione con un bambino tra le braccia e, al suo fianco, un uomo con una lunga barba.» Quella sera, la Sacra

Famiglia riappare ai piedi del suo letto e la notizia delle nuove apparizioni si diffonde in un baleno. C'è un elemento particolarmente sconcertante: una delle tre figure sta compiendo un gesto irriferibile, di cui si vocifera a bassa voce; neanche don Pène, nel suo memoriale, oserà precisare la natura del «gesto poco decente notato» da Joséphine Albario durante l'indecorosa visione.

Poiché la Madonna non appare a Bernadette dal 7 aprile, quello tra le due veggenti sembra un passaggio di testimone. Il 22 aprile la folla attende Joséphine alla grotta, ma questa volta la ragazza si ferma all'esterno. Mentre inizia a pregare ha un nuovo crollo, fatto di pianti, tremori e risate. A questa seconda visione assiste anche l'esattore Estrade, la cui cronaca dell'evento è particolarmente drammatica: una dozzina di persone in preghiera circondano una veggente del tutto priva del decoro di Bernadette; sembra posseduta, piange disperatamente e ricorda la Madonna in lacrime sotto la croce. Durante l'apparizione, Estrade sussurra a un collega: «Chi non crede a questa cosa è un mascalzone», trovando plausibile l'esistenza di una seconda veggente altrettanto autentica. Nella storia delle apparizioni, non è inusuale che la Madonna incontri più persone: erano state due a La Salette (1846), saranno tre a Fatima (1917) e addirittura sei a Medjugorje (1981).

L'incontro tra Joséphine e Maria si ripete il 23 aprile: la ragazza cade di nuovo in estasi e si dimena per un'ora e un quarto, senza pronunciare alcuna parola comprensibile; quando riprende conoscenza, non riesce più a camminare e viene riaccompagnata in città da una folla immensa.

Negli stessi giorni, altre donne avevano visto la Madonna. Addentrandosi nella grotta, il 7 aprile Marie Cazenave aveva riconosciuto la Vergine in una formazione rocciosa, ma il commissario Jacomet l'aveva considerato un caso di pareidolia: le visioni nel cuore della montagna sarebbero state illusioni ottiche, dovute ai riflessi tremolanti delle candele sulle rocce bianche e irregolari che ne coprivano le pareti. Insieme a Marie, anche Honorine Lacroix aveva visto la Vergine nello stesso luogo, ma trattandosi di «una prostituta dalla condotta morale ignobile» pochi l'avevano presa sul serio.

Neanche Joséphine Albario viene presa sul serio, ma non a causa di ciò che ha visto. Il verdetto della Chiesa non si basa solo sulla natura delle apparizioni, ma anche sul comportamento e la pietà dimostrati dalle veggenti e la cupa disperazione di Joséphine fa pensare a una possessione diabolica: i concittadini di Lourdes si aspettavano bellezza dalla Vergine, e considerarono quell'oscurità come un segno del demonio. Per mettere alla prova l'ipotesi, qualcuno aveva sussurrato più volte:

«Vade retro, Satana, se sei tu a mostrarti»; in corrispondenza di ogni invocazione, la ragazza aveva mostrato forti segni di disagio. Ma l'elemento determinante è un altro. Alla ragazza non manca solo il decoro: Joséphine non è addomesticabile, e al destino della santa preferisce la libertà delle *cattive ragazze*. A don Renè Laurentin basta una frase per riassumerne la vita: «Devota in quei giorni, farà poi una brutta fine.» Ma è una lettura di parte, cui contrapporre la mia, altrettanto schierata.

Joséphine e Bernadette affrontarono entrambe delle esistenze difficili, ma se dovessi scegliere in chi reincarnarmi, opterei senz'altro per la prima. Intanto perché mi è facile identificarmi con il suo atteggiamento schivo e introverso. Sua sorella ne ricorda il «carattere difficile, bizzarro; quando eravamo a tavola, se ne stava in un angolo, rifiutandosi di unirsi a noi e facendoci le smorfie.» Tra i consigli che Joséphine riceve, nei difficili giorni delle visioni, c'è quello di consacrarsi (ma alla stessa età, anch'io confondevo i sintomi della depressione con la vocazione religiosa). La sorella ha molti dubbi che si tratti di una chiamata genuina, e a don Gerdoux – che preme per mandarla in convento – risponde: «Se la conosceste quanto me, non sareste così insistente.» Vent'anni dopo la stessa confesserà di non aver mai creduto alle visioni, né alla vocazione della sorella. Cedendo alle pressioni, gli Albario mandano la figlia in convento a Pau, ma dopo pochi mesi le suore si rifiutano di ospitarla: la condotta di Joséphine non è quella che ci si aspetterebbe da un'obbediente novizia e potenziale coprotagonista delle apparizioni di Lourdes. Trasferita in un convento di Tolosa, la ragazza fugge e chiede l'elemosina per pagarsi il viaggio di ritorno. I rapporti con la famiglia sono così tesi che si fa lasciare a venti chilometri da casa e trova occupazione presso una signora di Tarbes. Quando la notizia della fuga giunge alle orecchie di don Gerdoux, il religioso suggerisce al padre di risolvere la questione a percosse. Raggiunta la figlia, il signor Albario la punisce segregandola in una stanza per tre giorni e tre notti. L'uomo, che conosce le maniere forti, riporta la figlia a Lourdes e riesce a trattenerla fino alla propria morte.

Finalmente libera dalla morsa paterna, Joséphine fugge per una seconda volta. Secondo la sorella, la ragazza si dedica al commercio di stoffe, ma è un eufemismo con cui all'epoca ci si riferisce alla prostituzione. A confermarlo è l'amica Antoinette Garros, secondo cui «Joséphine Albario vendeva stoffe e fazzoletti per nascondere agli occhi della polizia la sua condotta immorale.» La donna ricorda di averla vista intrattenersi con alcuni ufficiali a Barèges e di averla rimproverata; Joséphine aveva risposto mesta: «A casa non c'è nessuno che mi voglia bene.» Interrogata sulla questione, Antoinette Garros lo conferma: all'epoca delle apparizioni, Joséphine era una persona buona e dolce ma non una grande lavoratrice, il che provocava astio nei suoi confronti da parte di tutti i famigliari.

Qualche tempo dopo, da Bagnères-de-Bigorre arrivano voci infamanti sulla ragazza: «Ci hanno avvertito che se non l'avessimo portata via da lì, avrebbe fatto una brutta fine», ricordano i famigliari, che da quel momento preferiscono tagliare del tutto i ponti:

> Abbiamo saputo che un po' è stata a Tarbes, ma anche da lì se n'è poi andata. Nella nostra famiglia ci vergogniamo di lei, e non lasceremo che metta più piede qui a casa.

Raccolte vent'anni dopo le visioni, le testimonianze affossano definitivamente l'ipotesi che Joséphine Albario abbia visto la Madonna. Ma poiché le si riconosce la buona fede, si conclude che quelle immagini hanno origini diaboliche. La Chiesa non lo annuncia ufficialmente, ma segue la strada dell'oblio: lasciando che sia il tempo a cancellarne le tracce, della donna ci si dimenticherà presto. Chi un giorno vorrà conoscerne le vicende, dovrà cercarla in minuscole note a margine.

Chi vive con imbarazzo la bocciatura è l'esattore Estrade, che nel 1858 aveva dichiarato di credere alla veggente. Pubblicando le sue memorie, nel 1899 modificherà sostanzialmente la sua prima testimonianza; è solo grazie a questa inversione di marcia che la ragazza finisce tra le pagine di un libro devozionale, citata in un capitolo dedicato alle «persone sotto la fascinazione del diavolo.» Il 22 aprile si era certamente stupito, davanti all'apparizione, ma

> una sensazione che non so spiegare teneva a freno la mia ammirazione e pareva avvertirmi che non si trattava di un'esperienza autentica. Provai a confrontare le due visionarie e mi ricordai che di fronte ai rapimenti di Bernadette mi sentivo come trasportato, mentre davanti a quelli di Joséphine... ero solo sorpreso. Accostandomi ai primi, ne coglievo l'origine celeste; negli altri scorgevo solo i tremori di un organismo fortemente sovraeccitato.

Nonostante la donna sia diventata motivo di imbarazzo per i paladini del decoro e della morale, le cronache ufficiali escludono che dietro i suoi episodi di veggenza ci fosse una frode; ciò dà la misura di quanto impressionante doveva essere stato lo spettacolo delle apparizioni. Ma se le visioni di Bernadette e Joséphine non sono uno scherzo, cos'hanno visto *davvero* le due bambine?

Non è facile capirlo, davanti a questa grotta. La montagna in cui si apriva è praticamente scomparsa, inglobata da tre grandi basiliche sovrapposte. La cavità in cui Bernadette e Joséphine hanno visto l'invisibile appare schiacciata da un edificio dall'imponenza tracotante. Il triplo santuario ricorda il sarcofago installato a Chernobyl per tenere a bada e silenziare il reattore nucleare esploso. È una metafora chiarissima: solo la Chiesa è autorizzata a raccontare quei fenomeni meravigliosi, fissarne gli orizzonti di senso e impedire fughe di interpretazioni radioattive. Lasciandomi alle spalle il luogo delle apparizioni, torno in città risalendo la strada dei mulini e inoltrandomi nel centro storico. Raggiungere il *cachot* è facile: vistose frecce mi accompagnano verso il lurido tugurio in cui abitava la famiglia Soubirous nel 1858, una vecchia cella di prigione abbandonata da tempo. Nella stessa via abitava anche Joséphine, e le condizioni di miseria in cui versavano entrambe sono facili da intuire, se si trascorre qualche minuto in questo spazio umido e buio. Le mura del *cachot* parlano del ruolo giocato dall'indigenza negli episodi di veggenza.

Nel 1985 Michael P. Carroll aveva ipotizzato che Bernadette fosse stata vittima di una serie di allucinazioni, durante le quali aveva incontrato... se stessa! Nelle prime descrizioni, *aquerò* è una bambina alta come la veggente e più o meno della stessa età. Con il passare dei giorni, l'apparizione assume verso Bernadette atteggiamenti più materni, il che sembrerebbe contraddire la teoria dello specchio. Carroll, però, fa notare che la veggente è stata cresciuta da tre donne diverse, la più affettuosa e materna delle quali era stata la madrina Bernarde (e "Bernadette" significa "piccola Bernarde"). Sorella della madre naturale, Bernarde Casterot aveva ospitato la bambina per quasi due anni (tra il 1855 e il 1857) quando i genitori non avevano cibo a sufficienza per sfamare i sei figli. Nella zia, Bernadette aveva trovato un sollievo dalla fame e le amorevoli attenzioni di una donna con un buon reddito. *Aquerò* mostra alla veggente lo stesso calore umano, ma non solo: l'abito bianco con una fascia blu in vita, indossato dall'apparizione, è quello che la madrina sfoggia durante le riunioni delle "Bambine di Maria", un sodalizio di donne devote alla Madonna di cui Bernarde fa parte da tempo.

Secondo Carroll, l'allucinazione di Bernadette nasce all'incrocio tra una proiezione di sé nel presente e una nel futuro, nei panni di zia Bernarde; una figura rassicurante e amorevole da prendere come modello per gli anni a venire. Anche il timing delle apparizioni è rivelatore. Dopo il periodo trascorso con la madrina, la piccola era stata sballottata tra la famiglia della nutrice (che anni prima l'aveva allattata al posto della madre) e la propria. Un mese prima delle apparizioni, la bambina era tornata a vivere nel *cachot*. È ragionevole che Bernadette abbia vissuto un forte senso di nostalgia per gli anni trascorsi in condizioni di relativo conforto insieme alla madrina, una donna con la quale aveva sviluppato un rapporto molto affettuoso. L'allucinazione di *aquerò*, modellata sulla figura di Bernarde, si può interpretare come il tentativo di esaudire il desiderio di Bernadette di trovarsi di nuovo in una situazione confortevole insieme all'amorevole madrina, invece che in condizioni di indigenza con i genitori naturali.

C'è un ultimo dettaglio, minore ma curioso. La maggioranza delle persone crede che l'espressione "immacolata concezione" si riferisca al fatto che Gesù è stato concepito fuori da un'unione sessuale e dunque, per estensione, si applichi a Maria in quanto "donna che ha generato un figlio senza bisogno di un marito." In realtà la dottrina dell'Immacolata Concezione fa riferimento al concepimento della Madonna, nata senza la macchia del peccato originale. Bernadette – che aveva ricevuto un'educazione religiosa molto scarsa – poteva facilmente cadere nello stesso equivoco, e usare l'espressione "immacolata concezione" per definire zia Bernarde. Costei, infatti, aveva partorito non uno ma addirittura due figli senza "bisogno" di un marito. Donna poco incline alle regole, Bernarde Casterot aveva avuto un primo figlio da una relazione illecita con il

proprietario di un bar di Lourdes; solo dopo un po' di tempo i due si erano sposati e, alla morte del marito, la donna aveva ereditato il locale, assumendone da sola la gestione. Dopo qualche tempo, zia Bernarde aveva avuto un secondo figlio da un cliente, di nuovo fuori dal matrimonio. Essendo molto piccola, Bernadette si era trovata con due cuginetti apparentemente privi di un padre, figli della sua madrina: parlare di "immacolata concezione" in riferimento alla situazione non sarebbe suonato troppo insolito.

Non conosciamo altrettanto bene l'infanzia di Joséphine Albario, ma l'ipotesi dell'allucinazione-specchio è coerente con il poco che ne sappiamo. Come Bernadette, nei giorni delle apparizioni vive in un contesto famigliare difficile, anche se forse non ha sperimentato il calore e gli agi offerti da una zia benestante. Il suo primo episodio di veggenza avviene quando a Lourdes è ormai risaputo che Bernadette ha incontrato la Madonna, quindi Joséphine è meno vaga: la ragazzina riconosce subito, nelle figure che incontra, i tre componenti della Sacra Famiglia. È un intero nucleo famigliare ad apparirle, procurandole un'angoscia profonda: una reazione ragionevole, se si considera la situazione che vive in quei giorni a casa. Anche qui, a rivelare la dimensione dello specchio è un nome: insieme alla moglie e al figlio, "Giuseppina" vede san Giuseppe. E chissà quali pulsioni o traumi proietta nel gesto indicibile che vede compiere all'uomo, poi oggetto dei pettegolezzi più imbarazzati.

Se fosse stata fortunata, Joséphine avrebbe incontrato Morton Schatzman. Prendendo in cura Lucy – una donna perseguitata dalle apparizioni del suo defunto padre – lo psichiatra statunitense aveva rifiutato la prospettiva di sopprimere le allucinazioni, accompagnando la paziente a interagirvi in maniera più serena e consapevole. Nel libro *Storia di Lucy* (1980), il medico ricostruisce il caso fino al suo felice epilogo: una volta guarita, la donna non aveva smesso di vedere il fantasma del padre ma aveva imparato a difendersi dalle sue incursioni, rispondendogli a tono e rendendolo sostanzialmente inoffensivo. Schatzman si era reso conto che ridicolizzare le esperienze paranormali non impediva loro di manifestarsi né di tormentare le loro vittime: la chiave stava nel riconoscerne e "guarirne" la cornice interpretativa.

Lourdes avrebbe bisogno della stessa cura. Le esperienze delle due veggenti vengono entrambe classificate come "fenomeni paranormali", eppure – nonostante la loro somiglianza – assumono per la collettività significati opposti. Addomesticata per bene, la prima diventa la pietra angolare di uno dei santuari mariani di maggior successo nella storia del Cristianesimo; la seconda, nata tra i tormenti, viene etichettata come diabolica e marginalizzata insieme alla sua protagonista. In pochi altri luoghi al mondo ho visto, con altrettanta chiarezza, la separazione tra il fenomeno straordinario e i significati che può assumere. È la figura di Joséphine Albario a illuminare quella distanza: per quanto a Lourdes venga fissata una volta per tutte, la cornice nauseante che si è imposta è frutto di una scelta che si può mettere in discussione.

Gestire in modo consapevole la relazione tra quei due livelli è una lezione che ho appreso occupandomi di mentalismo, la branca della prestigiazione che si occupa di simulare (col trucco!) i poteri paranormali: quando si mette in scena un numero sorprendente, è la sua cornice narrativa a farlo entrare in risonanza con il mondo interno e con il sistema di significati di chi vi assiste. Presentando un gioco di trasmissione del pensiero, la mentalista può attribuire il fenomeno alle onde radio, al magnetismo animale o alla lettura dei segnali del corpo: il trucco resta lo stesso, ma l'atmosfera evocata e la spiegazione offerta (più o meno credibile, più o meno metafisica) accompagnano chi guarda in luoghi della mente assai diversi.

Qui a Lourdes, per la torsione che ha preso la vicenda, la veggenza di Bernadette è stata inquadrata nella peggior cornice reazionaria che si potesse immaginare. Ma le cose potevano andare in modo decisamente diverso.

Desobéissance

Un anno prima delle apparizioni, il filosofo francese Charles Renouvier aveva chiamato *ucronia* la narrazione di quel che sarebbe potuto succedere se un avvenimento storico fosse andato diversamente; più affascinante rispetto all'espressione inglese di *alternate history* ("storia alternativa"), la parola aveva originato l'aggettivo "ucronico".

A un isolato dal *cachot* c'è un piccolo negozio di antiquariato che affaccia su rue Baron Duprat. A gestirlo è una signora sorridente, che mi indica una scatola su una vecchia credenza: se cerco delle immaginette, è lì che devo guardare. Come sospettavo, non c'è traccia dei "santini ucronici" che ho passato in rassegna la notte scorsa, durante un sogno particolarmente vivido. Devo affidarmi ai ricordi perché, purtroppo, immagini del genere non sono mai esistite nella linea temporale in cui mi trovo.

Sul primo santino ucronico Joséphine è ritratta con una postura sconcia, i piedi sull'altare e le mani aggrappate al piolo di una scala. Si sta introducendo nell'anfratto più segreto della grotta, dove farà esperienza della prima apparizione. La virtù riportata in basso, scritta in elegante corsivo, è la *désobéissance* ("disobbedienza").

Sul retro del santino leggo che, a causa della grande distanza da Parigi, Lourdes e le zone circostanti avevano sempre mantenuto un certo grado di indipendenza dal controllo del governo nazionale. Il disprezzo per lo stato centrale si esprimeva in varie forme di illegalità che erano essenziali per la sopravvivenza delle famiglie e delle comunità. Violare la legge, o semplicemente ignorarla, era praticamente la norma. La maggior parte delle accuse di contrabbando colpivano le persone povere, specialmente bambini e donne, colte a trafficare sale e altri beni di uso comune da una parte all'altra del confine. Informato delle visioni di Bernadette, in un primo momento il capitano d'Angla si era fatto l'idea che la bambina avesse raggiunto la grotta di Massabielle per rubare della legna, pensando tra sé e sé: «Se Dio volesse fare un miracolo, non userebbe come tramite una piccola ladra.»

Era vero il contrario: in cerca di legna per il fuoco, Bernadette si era spinta fino a lì proprio per evitare l'accusa di furto. Distante com'è dal centro della cittadina, il luogo delle apparizioni sorgeva nelle terre comuni, dove le persone bisognose potevano raccogliere materiale da ardere senza rubarlo dai terreni privati. Scegliendo di apparire in un luogo del genere, considerato patrimonio comune dei più poveri, la Madonna consacra, in un certo senso, il concetto di proprietà collettiva.

L'apparizione segna il culmine di una lotta che da trent'anni oppone gli abitanti dei Pirenei e la polizia: un braccio di ferro iniziato nel 1827 con l'imposizione, da parte di Parigi, di un severo codice forestale. Sin dal Medioevo, i francesi si erano assicurati il diritto di usufruire liberamente della legna e dei pascoli fuori dai centri abitati. Con la Rivoluzione, tale "diritto d'uso" si era esteso ai terreni espropriati alle famiglie nobili. Un terzo delle montagne intorno a Lourdes era ricoperto da foreste, e la popolazione locale dipendeva dal loro sfruttamento: da lì si ricavavano legna da ardere, materiale per costruzioni, strumenti agricoli, calzature, torce, cenere per il bucato e svariati alimenti. Gli spazi erbosi erano usati per il pascolo, da cui si ricavavano latte, burro, lana e carne. Per rifornire le comunità più svantaggiate e ostacolare gli abusi ai danni della collettività da parte dei pastori e dei taglialegna più avidi, in alcune aree dei Pirenei erano nati dei consigli cittadini che si assicuravano di redistribuire in parti eque il materiale raccolto.

Alla fine del '700 lo stato garantiva il diritto d'uso di tali risorse, mettendo un argine alla privatizzazione degli spazi comuni: ricche famiglie possidenti, infatti, premevano per recintare zone boschive sempre più ampie, con il progetto di costruire ferriere e impiegare il materiale a scopo industriale. Tali imprese devastavano le foreste in modi irreversibili, costringendo gli abitanti dei paesi circostanti a vere e proprie migrazioni verso terre ancora libere dal controllo dei privati.

Con la Restaurazione e la nascita di una monarchia costituzionale di orientamento liberale, il diritto d'uso viene drasticamente ridotto in favore di una gestione privata delle zone di montagna: il codice forestale nazionale approvato nel 1827 fissa rigide quote alle risorse che ogni comunità può raccogliere. Le conseguenze sulle popolazioni di montagna, già colpite da dure carestie, sono devastanti. Per evitare abusi, i territori vengono militarizzati e per chi trasgredisce sono previste pene severissime. Intanto, un comitato centrale stabilisce, anno dopo anno, quali nuove terre recintare per sottrarle all'uso comune e affidarle ai privati.

All'epoca delle apparizioni la grotta si trovava sulla linea del fronte perché confinava con la foresta comunale, un luogo dove – da mezzo secolo – si consumava la più grave tensione tra gli abitanti dei Pirenei e lo stato centrale. Ciò spiega lo sconcerto degli abitanti di Lourdes quando, la mattina del 15 giugno 1858, la grotta di Massabielle viene recintata per ordine del prefetto. L'ingordo blob della privatizzazione ha divorato anche quest'ultimo fazzoletto di terre comuni?

Lo scontro tra autorità locali e fedeli era iniziato a maggio, quando – dopo uno sgombero della cappella installata presso la grotta – era scattato il divieto di depositarvi alcun oggetto. L'obiettivo immediato era di scoraggiare la nascita di un culto fuori da ogni controllo. Il divieto aveva ottenuto l'effetto opposto, ispirando un rito che continua ancora oggi: la processione verso la grotta con le fiaccole. Scrive René Laurentin che

> a Lourdes le cose si capiscono usando l'istinto. E d'istinto si sa che le leggi sono la cosa più facile da aggirare. Basta rispettarle alla lettera, ma solo alla lettera, capovolgendone lo spirito. Ciò serve anche a scoprire il piacere di un gioco sottile. Le prime a entrare in quest'ordine di idee sono le bambine di Maria, particolarmente infastidite dal divieto. [...] "Se non si possono più *depositare* candele nella grotta, nulla ci vieta di illuminare il luogo tenendole in mano. No no, mia cara: non potranno dirci nulla".

Nelle notti successive, una folla oceanica raggiunge la grotta in silenzio, in una spettacolare dimostrazione di disobbedienza collettiva. Incapace di contenere una massa che cresce giorno dopo giorno, il commissario Jacomet riconosce di trovarsi davanti a «un tiro mancino non privo di malizia.»

Sul secondo santino ucronico, Joséphine resiste agli sforzi con cui la sorella cerca di trascinarla verso un tavolo: guarda in direzione della famiglia, riunita per la cena, e rivolge una smorfia al padre – un uomo con la barba e lo sguardo brutale. Sotto la scena compare la parola *résistance* ("resistenza").

Sul retro c'è scritto che «Al tavolo dell'eteropartiarcato non ci si siede: lo si ribalta.» Attribuita a Silvia Federici, la citazione è certamente apocrifa. Me n'ero accorto già durante il sogno: spostando lo sguardo e tornando a osservare la scritta, il nome si era trasformato in Giulia Blasi. È un test infallibile per capire quando si sta sognando: durante le esperienze oniriche, le parole stampate non persistono sulla pagina, e se mutano dopo aver guardato altrove, significa che la scena è parte di un sogno.

I due nomi mi stupiscono solo in parte: qualche mese fa era stata proprio Giulia Blasi – nel suo *Manuale per ragazze rivoluzionarie* (2018) – a soffiare sul fuoco e incoraggiare la mia scrittura di queste pagine; nella premessa, l'autrice proponeva vari usi per il suo libro, uno dei quali si rivolgeva direttamente a me: «Puoi metterti a scriverne uno tuo, in risposta.» Ecco fatto, cara Giulia!

L'altro indizio mi mette sulle tracce di un libro cruciale: *Caccia alle streghe, guerra alle donne* (2020) di Silvia Federici analizza la relazione tra lo smantellamento della proprietà collettiva e la demonizzazione di donne appartenenti alle comunità colpite, tale da rendere la caccia alle streghe un efficace strumento di privatizzazione economica e sociale. La progressiva privatiz-

Résistance

zazione delle terre comuni tramite le *enclosures* ("recinzioni") aveva aumentato le diseguaglianze, colpendo in special modo le donne più anziane, in particolare le vedove e quelle senza figli. Costrette a fare l'elemosina perché escluse da ogni attività produttiva, erano accusate di rivolgersi al diavolo per ottenere il necessario per vivere e di lanciare sortilegi sugli animali che pascolavano nelle terre confiscate alla comunità. Rifiutando il ruolo di vittima, molte di loro resistevano all'impoverimento e all'esclusione minacciando, lanciando sguardi carichi di odio e maledicendo chi si rifiutava di aiutarle – manifestando, insomma, quell'ovvio risentimento scaturito dall'ira per le ingiustizie subite e dal rifiuto di essere emarginate.

Ma la povertà non era l'unico fattore dietro quell'esclusione: anche dopo la Rivoluzione, le donne continuavano a essere relegate in una posizione subordinata rispetto agli uomini, e una persistente misoginia istituzionale puniva ogni affermazione di indipendenza da parte loro.

Il ritratto di Joséphine è quello tipico della strega: la donna dalla cattiva reputazione che non ha messo su famiglia, ha tenuto comportamenti osceni e promiscui e ha fatto fronte all'indigenza vendendo il proprio corpo. Come se non bastasse, le visioni che ha avuto alludono alla presenza di poteri ingovernabili e dunque da condannare: attribuirli al diavolo è un modo per rendere odiose e spaventose forme di comportamento che contraddicono il modello di femminilità imposto tramite la legge e il pulpito. Come durante la caccia alle streghe, l'infamia gettata sulla veggente serviva anche a dividere le donne, insegnando loro che diventando complici della persecuzione e accettando la leadership maschile si sarebbero potute salvare dal cappio o dal rogo. Il modello a cui attenersi era quello opposto, incarnato da Bernadette: una donna asessuata, obbediente, sottomessa, rassegnata alla subordinazione al mondo maschile.

Silvia Federici invita a pensare alle *enclosures* «come a un fenomeno ben più ampio della recinzione delle terre comuni. Dobbiamo pensare all'*enclosure* del sapere, dei nostri corpi e del nostro rapporto con gli altri e con la natura»: quella che chiamavo "gentrificazione dell'immaginario". Il santino che ho in mano parla di una veggente impossibile da addomesticare, che aveva abbattuto ogni recinzione intorno a sé – da quella famigliare a quella dei conventi dove era stata rinchiusa – diventando un simbolo di resistenza per l'intera comunità di Lourdes.

Animate dallo stesso spirito, molte donne in tutta Europa prendono parte alle proteste contro le privatizzazioni, in occasione delle quali si occupano di rimuovere le siepi o le staccionate che divorano le terre comuni. Per questo, recintare la grotta di Massabielle si dimostra subito un'impresa complicata. A tre giorni dalla sua installazione, la recinzione viene distrutta e buttata nel Gave. L'attacco viene sferrato di notte, quando il luogo non è presidiato dalle forze dell'ordine. In barba a qualsiasi divieto, le processioni proseguono senza sosta. Il 25 giugno sono duecento le donne che raggiungono la grotta e vi entrano indisturbate. È una fiera riappropriazione del luogo, non priva di astuzie militari: alcune fedeli si arrampicano sulla sommità delle rocce per fare da vedetta, pronte ad avvisare le altre dell'arrivo dei gendarmi; quando all'orizzonte spunta il commissario Jacomet, viene dato il segnale della ritirata ed è un fuggi fuggi generale. Solo cinque persone vengono identificate; quattro di loro sono donne.

Prontamente ricostruite, le recinzioni cadono di nuovo il 28 giugno. La resistenza a ogni sbarramento non è legata solo a questioni religiose: essendo un'estate eccezionalmente torrida, la fonte che sgorga dalla grotta è una risorsa preziosa per la comunità; rivendicando l'acqua come bene comune, durante ogni effrazione le fedeli portano con sé bottiglie e secchi in cui raccoglierne il più possibile. Dopo la terza rimozione forzata delle recinzioni, il 6 luglio vengono spiccate quarantaquattro condanne.

Vivendo a un passo dalla Valsusa, penso che gli stessi gesti di resistenza si ripetono da anni sulle reti che difendono il cantiere della linea ad alta velocità Torino-Lione: esercitando una pressione continua, il movimento No Tav si oppone allo stesso blob che – oggi come ieri – sottrae alla collettività ampie porzioni di territorio, minacciandone la stabilità ecologica e mettendo i beni comuni a profitto di pochi. Specchio delle fedeli resistenti di Lourdes, l'agguerrita ala femminile delle *Fomne contra 'l Tav* è più trasversale nella composizione; lo fa notare Wu Ming 1, trascrivendo in *Un viaggio che non promettiamo breve* (2016) l'intreccio dei canti intonati il 20 giugno 2005 in opposizione alla recinzione di alcuni terreni a Borgone di Susa: «Ave Maria piena di grazia, bella ciao ciao ciao, il Signore è con te, e questo è il fioreeee del partigianoooo...»

La quarta recinzione installata è la più solida e resistente. Poiché rimuoverla è praticamente impossibile, le fedeli aprono una breccia sufficiente per il passaggio di una persona. Resta un problema: come entrare se a guardia dell'ingresso c'è un ufficiale a tempo pieno? La cosa si rivela più semplice del previsto, perché il prefetto ha commesso un grave errore: a difesa della grotta ha messo Pierre Callet, un funzionario sottopagato e frustrato che occupa l'ultimo gradino nell'amministrazione locale. Trovando assurdo l'incarico che deve svolgere, l'uomo trova un modo per aggirare la legge senza dare nell'occhio. Accordandosi con le donne che vogliono forzare l'ingresso, spiega loro che durante la pausa pranzo nessuno le terrà d'occhio. Rispettando il patto, Callet si allontana sempre alla stessa ora con il cane. Quando è ora di rientrare, l'animale corre più veloce e torna per primo alla grotta; la sua apparizione è il segnale che il pranzo è finito e la grotta va liberata. Il modo in cui l'uomo si prende gioco dei superiori è rimarchevole:

> Quando la gente vedeva il cane, diceva: "Sta arrivando Callet!", quindi usciva e si metteva a ridere – ma anch'io ridevo. [...] Arrivando alla grotta quando io ero ancora sul ponte del Gave, [il cane] evitava loro di incorrere in sanzioni e a me di violare la legge.

L'insolita alleanza tra le fedeli e il renitente funzionario delle forze dell'ordine parla di una volontà che nessuno potrà piegare: questa è la nostra terra e resisteremo a chiunque proverà a sottrarcela.

Sul terzo santino ucronico, Joséphine è ritratta nella grotta di Massabielle. Come nelle vignette dei supereroi, i suoi occhi proiettano un cono luminoso dentro cui si vede la Sacra Famiglia. A colpirmi non sono Maria e il bambino ma san Giuseppe: come la moglie, indossa un lungo abito bianco da donna; da buon falegname, ha in mano un martello ma lo regge con una certa tensione, come se stesse sul *chi vive*. Il foulard sulla testa e il vistoso rossetto lo fanno sembrare un travestito. La virtù scritta in basso è la *fabulosité* ("favolosità").

È un'immagine assurda, ma non per chi conosce la storia della guerra contro le *enclosures* sui Pirenei. Nel 1827, quando viene approvato il codice forestale nazionale, i boschi si riempiono di guardie: vegliano sulle terre sottratte alla collettività, cacciando chiunque tenti di entrare. Due anni dopo, molte di loro si convincono che quei luoghi siano stregati. Secondo i locali, le fate del bosco sono contrarie alle recinzioni e vi si oppongono causando disgrazie agli "invasori", ovvero alle forze dell'ordine e ai proprietari delle ferriere. Di notte i rifugi prendono fuoco, i macchinari si guastano e le derrate alimentari spariscono misteriosamente. Nel maggio 1829 le fate iniziano ad apparire: sono vestite di bianco come *aquerò*, ma non hanno uno sguardo *materno*; trucco e foulard sono chiaramente femminili, ma alcune hanno la barba e tutte folti peli su braccia e gambe. Conoscono il territorio meglio delle guardie, che arrivando da lontano si muovono con difficoltà, soprattutto di notte. Sbucano dalle grotte e scendono dagli alberi di soppiatto, spaventando i forestali con rumori bestiali. Alcune sono armate e sparano per aria,

Fabulosité

per costringere le guardie alla fuga; quando le forze dell'ordine si allontanano di corsa, le inseguono urlando, coprendole di insulti e minacciandole di punizioni tremende. Poi entrano nelle ferriere e si scatenano sulle macchine, sabotandole a colpi di martello. Gli assalti si ripetono per circa tre anni e saranno ricordati come la "guerra delle signorine". Sono tutte azioni incruente: nessuna guardia perde la vita o resta ferita; solo gli strumenti di lavoro e gli alloggiamenti vengono danneggiati.

Sotto quegli abiti femminili si nascondono centinaia di giovani del luogo, pronti alla lotta per difendere la propria terra. L'obiettivo dichiarato è di riappropriarsi delle foreste dopo averle liberate dalle guardie. Come il precedente, anche questo scenario rimanda alla Valsusa, dove la resistenza al tunnel per la linea ferroviaria ad alta velocità si esprime con le modalità di una guerriglia di montagna. Sui Pirenei, però, c'è qualcosa in più: la messa in scena dei vestiti e dei trucchi da donna spiazza e sconcerta. Per proteggere l'identità degli assalitori è sufficiente un normale travestimento: perché scegliere abiti femminili? Per dare al gruppo un forte senso di identità basta una qualsiasi divisa: perché vestirsi da donna?

Diverse studiose hanno tentato di spiegare l'insolita scelta. Interrogandosi sui significati della guerriglia *en travesti*, la storica Natalie Davis fa notare che la "guerra delle signorine" ha diversi precedenti e che, impersonando il genere opposto, gli uomini potevano sfruttare l'immagine della donna indisciplinata e disordinata per difendere gli interessi della comunità e opporsi alle regole ingiuste. Le tradizioni culturali, letterarie e scientifiche, influenzate dalla dottrina e dalla pratica cattolica, associavano l'idea del disordine alle donne, relegate com'erano in posizioni di inferiorità ed esclusione strutturali: la loro minaccia all'ordine sociale si esprimeva attraverso la sessualità, l'inclinazione al male e i poteri magici, forze in grado di abbattere le rigide gerarchie della società e della natura. Nel corso delle azioni di guerriglia, il travestimento femminile da parte degli uomini attingeva a quell'inquietante insieme di associazioni e simboli, facendo leva sul fattore shock. Da questa prospettiva, posso escludere che il dettaglio indicibile nella visione di Joséphine fosse san Giuseppe in provocanti abiti femminili?

Travestirsi da donna scuote ancora la morale borghese. Lo dimostrano le reazioni agli abiti di Achille Lauro; nel suo *Sono io Amleto* (2019), il cantante si dice allergico ai «modi maschili, ignoranti» con cui è cresciuto:

> Indossare capi di abbigliamento femminili, oltre che il trucco, la confusione di generi è il mio modo di dissentire e

> ribadire il mio anarchismo, di rifiutare le convenzioni da cui poi si genera discriminazione e violenza.

Quella del cantante, però, è ancora una rivendicazione privata.

L'attivista Filo Sottile rende più esplicito il legame tra il superamento dei confini tra i generi e la lotta per la difesa dei territori, raccontando come l'esperienza No Tav l'abbia aiutata ad abbattere le recinzioni mentali che ostacolavano il suo *coming out* come persona transgender. Filo, in *La punk spiegata alla nonna* (2019), scrive che in Valsusa

> uomini in divisa si mettono di traverso, piazzano videocamere, reti elettrosaldate, jersey, filo spinato e dicono *di qui non si passa.* E poi scopri che invece, tutt* insieme, con un po' di determinazione e creatività si può passare. E non solo. Quando affondi nella palude del quotidiano, nel presente marcito, nel futuro tarlato in cui ci relega questa società, quando davanti non c'è alcuna prospettiva, hai una risorsa in più: puoi tornare – anche solo con la memoria – a un altro modo di vivere, alla solidarietà, all'amicizia, alla condivisione che hai potuto sperimentare. [...] Quel mondo esiste, l'hai toccato.

Nella t-shirt delle *Fomne contra 'l Tav* che dice IL MIO CORPO, LA NOSTRA TERRA, l'autrice riconosce un fertile parallelo tra due istanze di autodeterminazione: una rivolta al territorio in cui si vive, l'altra alla dimensione corporea, nello spirito del *Manifesto transfemminista* di Emi Koyama:

> Riteniamo di avere diritto esclusivo di prendere decisioni in merito ai nostri corpi e che nessuna autorità politica, medica o religiosa possa violare l'integrità dei nostri corpi contro la nostra volontà o intralciare le nostre decisioni riguardo a ciò che di essi facciamo.

Peter Sahlins propone un'ulteriore lettura, in linea con la "favolosità" di cui parla il santino. La parola ha una doppia accezione: nel mondo queer, fa riferimento al gioco di eccessi che serve a smarcare la lotta per l'autodeterminazione da ogni cupezza; sulla più seriosa Treccani è invece il semplice «carattere di ciò che è favoloso», come, per esempio, i racconti di fantasia. Lo storico coglie, nei travestimenti delle "signorine", degli aspetti carnevaleschi, sottolineando l'intrinseca natura sovversiva dei giorni che culminano nel Martedì Grasso. Alcune incursioni si concludevano con il rogo in piazza di fantocci che rappresentavano le guardie forestali e i proprietari delle ferriere, secondo un rito tipico del Carnevale. L'inverno del

1830, inoltre, era stato così rigido da distruggere molti raccolti, tanto che il vescovo di Pamiers aveva sospeso l'obbligo di astinenza dai cibi grassi nel periodo quaresimale: quell'anno il Carnevale non era finito il Martedì Grasso ma era proseguito per un tempo indefinito (proprio come le azioni di guerriglia), per poi essere ricordato come il più lungo della storia. Adirati per le incursioni che mettevano in discussione i loro privilegi, imprenditori e ricchi proprietari chiamavano *carnevalate* le azioni delle "signorine", proprio come oggi la morale borghese etichetta i cortei dei Pride. La favolosità rivendica il carnascialesco, impiegandolo come strumento critico e di opposizione a chi erige barriere e confini, fisici o mentali. D'altronde le "signorine" dei Pirenei arrivavano da una lunga tradizione di *charivari*; la parola significa "schiamazzi" e si riferisce ai riti goliardici con cui i giovani mettevano alla gogna chi si macchiava di comportamenti sconvenienti: scherzi, urla e insulti ai protagonisti delle malefatte erano un modo per denunciare pubblicamente vizi e peccati della comunità. In alcuni casi gli *charivari* colpivano i mariti violenti, e gli attacchi delle "signorine" potevano ben essere una rappresentazione simbolica di una rappresaglia femminile su chi stava maltrattando le terre comuni. Oggi sopravvivono dinamiche simili nelle azioni di frivolezza tattica, una modalità di lotta che mira a destabilizzare le logiche di scontro di piazza, sostituendole con un'attitudine irriverente e spiazzante, che fa della creatività e della gioia il suo ariete.

Ribadendo gli aspetti rituali della guerriglia *en travesti*, Sahlins ritiene che il mondo favolistico abbia influito sulla scelta delle personagge da interpretare: le fate dei boschi erano entità soprannaturali che vivevano tra gli alberi e le grotte, apparivano di notte in vesti bianche e – se disturbate – potevano diventare vendicative; per le guardie forestali, non era difficile immaginarle adirate per l'occupazione indebita dei loro spazi vitali. I rapporti stilati dalle forze dell'ordine descrivono le "signorine" con gli stessi termini con cui si parlerebbe di folletti dispettosi: «un momento sono qui, il momento dopo là, tanto che uno non riesce neppure lontanamente a riconoscerli», «quello che ho visto aveva l'aspetto di un fantasma, ma è sparito in un attimo.» Oggi il movimento No Tav dispiega nella lotta lo stesso arsenale favolistico attraverso la figura di Giacu, un folletto che si è perso in Val Clarea nel giugno 2011. «Da allora», racconta Wu Ming,

> non si contano le spedizioni per cercarlo. Ogni tanto appare, lo avvistano che grida qualcosa, ma subito si rituffa nel bosco, tra i castagni. Cercarlo è un ottimo pretesto per fare una "passeggiata", come le chiamano qui: si spunta "in

> Clarea" a sorpresa, dopo scarpinate su sentieri che partono da Chiomonte, Giaglione o Ramats, diversi dei quali ancora ignoti all'occupante.

A impersonarlo sono piccoli gruppi mobili che attaccano le recinzioni del cantiere in diversi punti contemporaneamente, cercando di mandare in panne l'intero dispositivo di sicurezza.

Si appellano al mondo delle favole anche i periodici sabba delle *Fomne contra 'l Tav*; in occasione della cerimonia del 24 luglio 2011, svolta col favore delle tenebre a ridosso dei reticolati, le partecipanti avevano celebrato un rito che mescolava consapevolmente sarcasmo, goliardia ed esoterismo. L'agenzia Ansa aveva raccontato l'evento con una punta di sconcerto: «Levando le mani al cielo, hanno salmodiato una cantilena sotto gli occhi della polizia. Alcune indossavano un cappello a punta simile a quello delle streghe delle favole.» Quando l'indomani una scossa di terremoto era stata avvertita in tutto il Piemonte, le streghe erano tornate al cantiere per gridare ai poliziotti: «Siamo state noi! È la montagna che parla! Dice che non vi vuole!»

La Valsusa d'oggi pare una Lourdes ucronica: l'immagine di ciò che avrebbe potuto diventare il santuario se avesse abbracciato le prospettive di Joséphine. Contro la devastazione del territorio, i

Cattolici per la vita della valle non usano solo l'arma della preghiera ma anche sottili forme di resistenza psicologica. Una di loro, Gabriella Tittonel, spiega:

> Questa nostra presenza [i poliziotti] non la capiscono e sta diventando complicata per loro: come fai a picchiare delle persone che vanno là solo per pregare? È un modo non violento, ma assolutamente determinato, di portare avanti queste nostre ragioni.

Tipicamente, gli incontri di preghiera al cantiere non si chiudono con il taglio delle reti ma con un semplice "Buongiorno" rivolto alle guardie. Un saluto che diventa atto di resistenza? Wu Ming spiega che

> può sembrare strano ma è sufficiente, rammenta a chi è lì dentro che il mondo è qui fuori, in questa terra c'è una comunità in lotta, con tutto il suo calore e i suoi vincoli solidali. Basta poco, e il filo-rasoio appare rivolto nell'altra direzione: non sbarra il passo a chi è fuori, ma tiene prigioniero chi è dentro.

Strane forme di *charivari* 2.0.

Lo ammetto: parlando di cattolicesimo, il transfemminismo non è la prima cosa che viene in mente. Eppure, se nei giorni delle apparizioni avessi mostrato a qualcuno questo santino, qualcuno avrebbe potuto riconoscere – nel san Giuseppe androgino – una figura familiare: «Ma è Mapah!» A chiamare Dio in quel modo era stato Simon Ganneau, un mistico cattolico convinto che il Creatore fosse ermafrodita e dunque madre (*Ma*) e padre (*Pah*) al contempo. Vissuto nella prima metà dell'800, l'uomo riteneva che i valori di uguaglianza e solidarietà del cristianesimo fossero la strada maestra verso il socialismo, e che il modello androgino incarnasse, in un singolo individuo, gli ideali di equilibrio e completezza a cui doveva aspirare l'intera società. Dichiaratamente bisessuale, Ganneau gestiva un salotto culturale in pieno centro a Parigi, cui faceva riferimento un gran numero di fedeli sensibili ai temi del femminismo e del socialismo cristiano. Al suo movimento Evadamista (il cui nome derivava dalla fusione di Eva e Adamo) avevano aderito, tra le altre, l'autrice peruviana Flora Tristan e lo scrittore Alexandre Dumas.

Chi lo sa? Forse se i pellegrinaggi nazionali a Lourdes fossero stati organizzati dagli Evadamisti, piuttosto che dai monarchici, le sue colline verdi avrebbero visto fiorire l'estate dell'amore un secolo prima di Woodstock.

Il quarto santino ucronico è ambientato in un bar. Joséphine è seduta con le gambe accavallate, una sigaretta tra le dita e una giarrettiera bianca

Multeplicité

sulla coscia. A poca distanza, la proprietaria del locale – Bernarde Casterot – sta giocando a biliardo con due uomini. Le persone ritratte si riflettono nello specchio dietro il bancone, come la cameriera del bar *aux Folies-Bergère* di Manet. La scritta in fondo dice: *multiplicité* ("molteplicità").

In modo neppure tanto velato, l'immagine parla dell'allucinazione-specchio, alludendo alla donna apparsa davvero a Lourdes: Bernadette non ha visto la Madonna ma se stessa in sua zia Bernarde. La prospettiva ucronica è sottile e pare interrogarci: come sarebbe cambiata la checklist delle virtù celebrate da queste parti, se a ispirarla fosse stata una barista? Di Bernarde abbiamo già detto: indipendente, sessualmente disinvolta, premurosa nella cura di figli e nipoti, estranea agli orizzonti di una famiglia tradizionale. Chissà? Forse con lei l'aggettivo "mariano" avrebbe assunto tonalità più rilassate.

Ma la domanda nasconde un tranello, perché sostituire Bernarde a Maria (o Joséphine a Bernadette) vuol solo dire passare da una prescrizione all'altra. Le due donne ritratte non avrebbero ispirato una diversa checklist di valori: invitate a stilarne una lista, avrebbero stracciato il foglio. In nome di quella molteplicità che contesta ogni modello univoco, ogni linea di demarcazione che separi chi è rispettabile da chi non lo è. Contro ogni tentazione totalizzante, sul santino non c'è una figura sola: sono due, quattro se includiamo gli uomini, otto se contiamo i riflessi nello specchio. Anche il retro dell'immaginetta è un vertiginoso abbraccio alla molteplicità: vi riconosco le parole di Virginie Despentes, l'attivista francese marginalizzata come Joséphine Albario e controcorrente come Bernarde Casterot. In *King Kong Theory*, l'autrice ammette senza scomporsi di essere

> il genere di donna che nessuno sposa, con cui non si fanno bambini, [...] che è sempre troppo tutto, troppo aggressiva, troppo rumorosa, troppo grassa, troppo brutale, troppo irsuta, sempre troppo virile [...] non seducente ma ambiziosa [...] attratta dai soldi che mi guadagno, attratta dal potere di fare e rifiutare, attratta dalla città più che dalla vita domestica, sempre esaltata dall'esperienza diretta e incapace di accontentarsi dei racconti altrui.

A Lourdes i miracoli non sono gratis. Adeguarsi ai suoi standard è il solo modo per trovare accoglienza tra le anime meritevoli. Quelle regole sono il recinto che definisce rispettabilità e decoro, separando con cura i sommersi e i salvati. Tagliando quelle reti, Virginie Despentes ci invita ad abbracciare il molteplice e accogliere tutte le soggettività; l'autrice può farlo perché scrive dallo stesso margine di Joséphine,

> dalla sponda delle invendute, delle spanate, quelle con la testa rasata, quelle che non si sanno vestire, quelle che hanno paura di puzzare, quelle coi denti marci, quelle che non ci sanno fare, quelle che gli uomini mettono in croce, quelle che scoperebbero con chiunque se le prenda, le puttanone, le troiette, le donne che ce l'hanno sempre asciutta, quelle coi salvagenti di lardo, quelle che vorrebbero essere un uomo, quelle che si sentono uomo, quelle che sognano di darsi al porno, quelle che degli uomini se ne fottono ma che puntano le loro fidanzate, quelle col culo grosso, quelle coi peli folti e nerissimi che non si depilano, le donne brutali, rumorose, quelle che rompono tutto quello che toccano, [...] quelle completamente sfatte, quelle che per proteggersi contano solo su se stesse, quelle che non sanno essere rassicuranti, quelle che se ne fottono dei figli, quelle che adorano bere fino a rotolarsi per terra nei bar, quelle che non sanno comportarsi.

Lo sguardo di Virginie – e di Joséphine e di Bernarde e delle molte compagne incontrate in questi anni – abbraccia anche me, perché comprende

> gli uomini a cui non va di essere protettivi, [...] quelli che vorrebbero esserlo ma non sanno come, quelli che non sanno fare a botte, quelli che hanno il pianto facile, quelli che non sono né ambiziosi, né competitivi, né ben dotati, né aggressivi, quelli timorosi, timidi, vulnerabili, quelli che piuttosto che andare a lavorare preferirebbero occuparsi della casa, quelli delicati, calvi, troppo poveri per piacere, quelli che hanno voglia di prenderlo in culo, quelli a cui non va che si conti su di loro, quelli che hanno paura quando sono soli la sera.

Con le sue recinzioni, Lourdes è un microcosmo in cui è facile riconoscere il mondo che mi circonda. Dettagliate checklist ci vengono prescritte di continuo, dai guru motivazionali e dalle Ted Talk, nei corsi di auto-aiuto e sulle app per il potenziamento individuale; sono regole per funzionare meglio, risultare accettabili, trovare accoglienza tra le persone con cui vale la pena interagire. Non si tratta di standard meno oppressivi rispetto a quelli cui fu sottoposta Bernadette: pensa positivo, cammina con la schiena dritta, riordina la scrivania, coltiva un bonsai, esci dal tuo guscio, stabilisci una routine, fissa le priorità, sii consapevole delle tue potenzialità, mitiga le debolezze, ascolta tutti, allontanati dai perdenti, obbedisci al capo, rispetta gli orari, ringrazia, sorridi, pratica sport, la *mindfulness*, lo yoga, mangia sano, mantieni il peso forma. Fai di tutto per essere maschio, bianco, eterosessuale, cisgender, benestante e normodotato: ogni deviazione da questi tratti renderà le cose più difficili.

Solo così – ci assicurano – i miracoli accadono davvero.

Contro quel mucchio di norme, utili solo a renderci persone depresse e disadattate, serve un antidoto. A mettermi sulle sue tracce è ancora il santino che ho in mano, su cui noto un dettaglio che mi era sfuggito. È il tipico elemento anomalo che si incontra nei sogni, e che solo al risveglio si rivela nella sua assurdità. Le figure ritratte sono in numero dispari. Il conto non torna, perché lo specchio dietro il bancone si limita a raddoppiare le persone nella scena: come fanno a diventare nove? La persona di troppo ha i miei lineamenti ma è una donna: è il mio riflesso, l'immagine di me che osservo il santino, ma virata al femminile. Se credo all'annotazione a matita, si chiama come me. Suo è il punto di vista "mariano" che cercavo per capovolgere la soffocante declinazione dell'aggettivo promossa a Lourdes. A Marian Donner bastano tre parole:

> Fanculo a tutto. Se il mondo continua a dirti che non sei abbastanza bravo, sano, liscio, in forma, produttivo, positivo o zen è ora di chiederti cosa diavolo c'è che non va nel mondo.

La scrittrice olandese, in *Manuale di autodistruzione* (2020), mette in luce la sostanziale continuità tra la società dei divieti di ieri e l'odierna società della prestazione, basata sull'idea che dobbiamo affrontare in modo positivo tutto – anche ciò che non lo è – pur di diventare la versione più bella, socialmente apprezzata e intelligente di noi stessi per poter competere con gli altri. A chiedercelo non è più la Chiesa ma la società del capitalismo neoliberale,

> il sistema che domina il mondo da un paio di secoli e in cui, per dirla in modo assai breve, i privati si appropriano (spesso con la violenza) di beni pubblici come la terra, le materie prime e la forza lavoro allo scopo di ottenere un profitto.

Sopravvivere in quel sistema significa confrontarsi con uno stato di guerra di tutti contro tutti, in cui si è vincitori o vinti e i perdenti sono la maggior parte. Competere o soccombere: nell'angusto orizzonte del mondo in cui viviamo non c'è una terza via. Ecco svelato il vero obiettivo del pensiero positivo: farci diventare il più adatti possibile alla lotta per la sopravvivenza che è ormai diventato il mondo. Prendi parte al gioco, o vai a picco. Al canto delle sirene del Mercato, rischiamo tutti e tutte di fare la fine di Bernadette e convincerci che la nostra realizzazione consista nell'obbedienza; non più a un'ingiunzione vescovile, ma a un sistema che ci impone un animo positivo, un'attitudine gioiosa che disprezza la vulnerabilità e che – con tutti i suoi manuali di auto-aiuto – cerca di adeguarsi al mondo così com'è, perché non crediamo più che possa essere altrimenti.

Per questo trovo illuminante la disobbedienza di Joséphine, la resistenza ai tentativi di addomesticarla, la renitenza alla perfezione, il rifiuto della santità, perfino la scelta di prostituirsi e dunque (nelle parole di Virginie Despentes) di «affrancarsi, fare quello che non si fa, svelare la propria intimità, esporsi ai pericoli del giudizio di tutti, accettare la propria esclusione dal gruppo», ma anche di

> appagare, tenere compagnia a quelli che nessuno vuole, condividere l'intimità di sconosciuti, accogliere senza giudicare diversi tipi di desiderio.

Dalla sua posizione di outsider, la veggente può vedere (e dunque mostrarci) che la società si basa su una convenzione, e l'orizzonte che ci viene propinato come unico e reale è una costruzione ideologica, e con lui tutte le sue ipotesi, i suoi valori e le sue norme. Pur di non rientrare nell'ordine costituito, Joséphine ha scelto di scomparire, ricordandoci che esiste una molteplicità di vie d'uscita e una favolosa schiera di soggettività oppresse con cui cospirare – anche e soprattutto nel senso originario del verbo, cambiare l'aria e tornare a respirare insieme.

Slavoj Žižek diceva che è più facile immaginare la fine del mondo che la fine del capitalismo; a questo servono le ucronie, le potenziali deviazioni dalla linea del tempo: a progettare scarti nel presente, a rendere concepibili e realizzabili futuri non lineari, alternativi, obliqui. Joséphine, zia Bernarde, le fedeli che forzavano le recinzioni, le signorine barbute che sabotavano i macchinari, la guardia e il suo cane che inceppavano i meccanismi di repressione: ciascuna di loro mi ripete – con Marian Donner – che nel mondo in cui viviamo non bisogna chiedersi come possiamo ancora migliorare noi stessi. In un mondo simile bisogna chiedersi come fare a essere il più sovversivi possibile nei confronti di un sistema che ci mortifica tutte e tutti.

Joséphine Albario visse con orrore l'esperienza della veggenza e la Chiesa ne prese le distanze bollandola come strega. Se penso alla sua storia famigliare, dovrei davvero considerare patologiche le sue disperate visioni? Facendo eco alle compagne di *Non una di meno*, mi limito a dire «Sorella, io ti credo.» Contro ogni appello a una vigliacca neutralità, si può affrontare in modo critico il paranormale senza perdere di vista la sua dimensione personale e politica. Personale e politica insieme. Perché un filo lega la resistenza della veggente alle violenze paterne, il sabotaggio delle ferriere sui Pirenei, l'opposizione alle recinzioni delle terre co-

muni, la diserzione alla repressione poliziesca: in fondo, ogni lotta è tutte le lotte. L'afflizione della veggente, la nausea di don Pietro e la repulsione di Harris e Gallini sono espressioni individuali delle stesse passioni tristi a cui la gentrificazione dell'immaginario ci condanna collettivamente. Ed è solo conciliando la dimensione individuale con quella collettiva che possiamo cogliere l'urgenza di ripoliticizzare il disagio mentale, per coltivare insieme un'alternativa al realismo capitalista.

Scrivendo da una città marchiata a fuoco dal prodigioso, aggiungo che quella alternativa dovrà includere la magia, o non sarà la mia rivoluzione. Con Stefania Consigliere, credo che «il nostro bisogno d'incanto, di magia e di altrove fa[ccia] tutt'uno con le lotte per altri mondi possibili e reali.»

Un pellegrinaggio tanto sghembo non può che concludersi in un luogo altrettanto strano: può andare una nave gigantesca? Parlo di un colosso di duecento metri per sessanta, in grado di ospitare venticinquemila passeggeri. Il dettaglio curioso è che giace capovolta a due passi dalla grotta di Massabielle. Ricoperto d'erba, il fondo della nave ha oggi l'aspetto di un'ampia collinetta; solo la lunga chiglia, unico elemento ancora visibile, tradisce la presenza del gigante rovesciato. Accessibile attraverso una rampa, l'interno è spettrale. Non essendoci luce naturale, l'ambiente è cupo e fa pensare al relitto di un naufragio, finito lì per traiettorie inconcepibili. Difficile immaginare un luogo più tetro dove ospitare delle persone di fede, eppure si tratta di una chiesa, la più grande di Lourdes. Eretta nel 1958, in occasione del centenario delle apparizioni, la basilica di san Pio X risolve il problema della limitata capienza dei tre santuari principali, accogliendo un numero di fedeli pari a undici volte i passeggeri del Titanic. Qui sotto, la leziosità delle architetture disneyane lascia spazio alle fredde geometrie di un'anonima arena sportiva: ventinove travi sostengono una struttura di cemento priva di decorazioni che sprofonda nel terreno sotto il livello del fiume Gave; violente correnti d'aria rendono il luogo sommamente inospitale, facendone una ghiacciaia esposta a frequenti inondazioni.

Nel suo orrore, è il luogo più sincero in cui mi sia imbattuto finora, lo sgomento di don Pietro che si è materializzato, la tracotanza delle peggiori narrazioni reazionarie finalmente senza veli. E quando scrivo che la favola si conclude "su" questo luogo, lo intendo in senso letterale: fuori dal suo ventre oscuro, sulla collinetta che ne ricopre lo scafo. Ho atteso che facesse buio per salirvi senza dare nell'occhio, ma quella che mi sovrasta è un'oscurità punteggiata di stelle: nulla a che vedere con le tenebre al cuore del mostro sotto di me. A qualche decina di metri scorgo il fiume di fiaccole che, muovendosi verso la grotta, rievoca ogni sera la processione resistente inaugurata nel maggio 1858 (ma quante tra le persone che vi partecipano sanno di rievocare un episodio di fiera disobbedienza?). L'impressione avuta nel pomeriggio era corretta: la rigogliosa escrescenza che vedevo da lontano è davvero un piccolo ailanto, una pianta che i giardinieri del posto definirebbero *envahissante*, "infestante". Complice l'emergenza pandemica, la cura del verde non è all'altezza dei periodi di alta stagione, e basta una distrazione perché una pianta del genere si ricavi un proprio spazio in una crepa del cemento.

Poco esigente e dalle spiccate capacità riproduttive, l'ailanto è il nemico numero uno del decoro urbano; a questo si devono i nomignoli che si è guadagnato un po' ovunque: sulle coste liguri è *l'albero della merda*, in Inghilterra the *stink tree* ("l'albero puzzone"), in Francia *l'arbre maudit* ("l'albero maledetto"). Nei forum dedicati a chi ha il pollice verde, è facile trovare post che inneggiano all'estirpazione della malapianta con gli stessi argomenti che si utilizzano per le persone migranti e clandestine, sex worker e mendicanti. Nella logica del levigato prato all'inglese che domina l'area devozionale, questa minuscola pianta è già di troppo. Se mi ci affeziono, lo faccio a mio rischio perché avrà vita breve: come Joséphine Albario, è un elemento di disturbo impossibile da contenere e addomesticare; a Lourdes, non è la benvenuta. La loro espulsione è figlia della stessa logica: quella dei recinti che dividono chi può entrare e chi deve restare fuori. Persone e piante si definiscono "infestanti" solo in relazione ai capricci di altri esseri umani: perfino il frassino maggiore, pianta ornamentale "di alto bordo", è considerato invasivo quando cresce tra specie più appetibili dal punto di vista commerciale.

Non ho raggiunto questa collinetta in cerca di panorami instagrammabili ma di una prospettiva ucronica. Di un luogo in cui concedermi un ultimo sguardo sul futuro prossimo. Sono trascorsi pochi anni, la pianta è cresciuta e si è moltiplicata. La boscaglia di *Ailanthus altissima* si innalza per molti metri. Le radici hanno spaccato il cemento, disgregando definitivamente la struttura a volta. Su Twitter, una foto del luogo è fissata in testa alla timeline di *Humans of Late Capitalism*. L'area è di nuovo piena di sterpi, rovi e maiali – lontani pronipoti di quelli che qui pascolavano quando le terre erano comuni.

Chi si spinge fino a questa remota periferia, inoltrandosi nella valle del Gave de Pau, trova in questa macchia di verde un contro-monumento spiazzante, una manifestazione di vitalità e inclusione estranea a ogni tracotanza. Laggiù ci sono volute tre chiese per tenere a bada la radioattività della grotta. Qui basta della vegetazione spontanea per vegliare sulle spoglie di un gigante affondato. L'inversione è commovente. Gli alberi hanno conquistato anche lo spazio verso meridione, abbracciando la statua di Bernadette Soubirous – ma senza intaccarne la base: c'è spazio anche per lei, nella rivoluzione che mi ha mostrato Joséphine Albario.

Prima di allontanarmi, lego a un ramo dell'ailanto una striscia di stoffa lunga pochi centimetri. L'ho raccolta tra gli sterpi nei giorni scorsi, mentre mi trovavo a Tolosa. So che non può essere parte delle stoffe smerciate da Joséphine durante l'esilio, ma non importa: a quest'ora della sera, vero e ipotetico vanno a braccetto senza imbarazzi. È il mio modo di ricordarla nella città dove è nata e l'ho incontrata. Questo nastrino è un souvenir fragile: basteranno un colpo di vento o un pomeriggio di pioggia per portarlo via – insieme ai pollini che trattiene, pronti a infestare altri angoli di questa spianata.

Lasciando la collinetta, mi resta addosso un forte senso di nostalgia. Non della Lourdes dei bei tempi andati, ma di quella che ho visto attraverso gli occhi di una veggente. Una nostalgia di futuro.

Didascalie immagini

pagg. 4-5: La grotta al momento delle apparizioni (1858). Fonte: Jean-Baptiste Estrade, *Les apparitions de Lourdes*, Alfred Mame et fils, Tours 1899, tav. fuori testo tra le pagg. 20-21.

pagg. 10-11: Sezione della grotta che mette in evidenza le cavità entro cui Josephine Albario ebbe le primc visioni (1858). Fonte: René Laurentin, *Lourdes. Histoire authentique*, vol. 3, P. Lethielleux, Parigi 1962, pag. 29.

pagg. 28-35-41: Sguardi in vulva. Joséphine Albario: ritratti immaginari di impubere curiosità.

pag. 32: Cavità superiori della grotta di Lourdes fotografate la notte tra il 2 e il 3 dicembre 1957. Per meglio bilanciare l'illuminazione, il fotografo Lacaze aveva collocato al centro un cero bianco.

Fonte: René Laurentin, *Lourdes. Documents authentiques*, vol. 2, P. Lethielleux, Parigi 1957, pag. 130.

pag. 45: Stalattite [stalagmite, N.*d*.A.] all'interno delle cavità superiori della grotta di Lourdes fotografata la notte tra il 2 e il 3 dicembre 1957 dal signor Lacaze. Secondo don René Laurentin, la sua forma spiegherebbe le false visioni della vergine in quell'anfratto. Fonte: René Laurentin, *Lourdes. Documents authentiques*, vol. 2, P. Lethielleux, Parigi 1957, pag. 133.

pagg. 50-56-63-74: Santini ucronici di Joséphine Albario.

pagg. 82-83: La grotta ai tempi delle barriere (1858). Litografia a colori conservata presso il Musée Pyrénéen, Lourdes. Fonte: René Laurentin, *Lourdes. Documents authentiques*, vol. 3, P. Lethielleux, Parigi 1958, tav. fuori testo tra le pagg. 28-29.

Bibliografia

Quando uscì nel 1894, il romanzo *Lourdes* fu subito messo all'Indice e i giornali di destra definirono l'autore «un cretino». Ma il libro di Émile Zola ha anche dei difetti, per esempio, l'ultima edizione italiana risale a un secolo fa (Sten Editrice, Torino, 1923). In equilibrio tra pietà e critica, ritrae figure tragiche e memorabili, una per tutte, la signora Volmar, che sfrutta il pellegrinaggio annuale per sfuggire al marito violento e trovare sollievo tra le braccia di un amante.

La lettura del romanzo è tanto più potente se fatta in parallelo con *Il miracolo e la sua prova* di Clara Gallini (Liguori, Napoli, 1998); con il pretesto di decifrare la raffinata narrazione di Zola, l'autrice usa gli strumenti dell'antropologia per moltiplicare i punti di ingresso alle vicende di Lourdes, perché il santuario «può essere pellegrinaggio penitenziale, ma anche meta di gite turistiche. Può essere luogo di devozione, ma anche di mercato. Di sacrificio, ma anche di piacere» (p. 17).

La migliore ricostruzione delle vicende storiche che hanno coinvolto Bernadette e le altre veggenti l'ho trovata in *Lourdes. Body and Spirit in the Secular Age* (Penguin, Londra, 1999) di Ruth Harris, un libro che presenta tra l'altro una bibliografia sterminata. Lourdes è un paradiso per chi si occupa di storia, perché tutte (ma proprio tutte) le fonti primarie sono state trascritte, catalogate e rese disponibili da René Laurentin, sacerdote che ha dedicato la vita a fare ordine tra le carte del caso; sono stati indispensabili per il mio lavoro i sei volumi di *Lourdes. Documents authentiques* (1957) e gli altrettanti tomi di *Lourdes. Histoire authentique des apparitions* (1963).
Gérard De Sède dedica un capitolo del suo *Settecento anni di rivolte occitane* (Tabor, Susa, 2016) alla "strana guerra delle *demoiselles*" sui Pirenei e Wu Ming 1 restituisce alla dimensione epica la resistenza delle *Fomne contra 'l Tav* nel suo *Un viaggio che non promettiamo breve* (Einaudi, Torino, 2016).

Sul mio sguardo rivolto alle vicende di Joséphine Albario hanno avuto un'influenza determinante tre saggi: nell'ordine *Ave Mary. E la Chiesa inventò la donna* (Einaudi, Torino, 2001) di Michela Murgia, *King Kong theory* (Fandango, Roma, 2019) di Virginie Despentes e il *Manuale di autodistruzione* (Il Saggiatore, Milano, 2020) di Marian Donner.

Il film *Lourdes* (2009) di Jessica Hausner è un piccolo gioiello che, evitando un (furbetto) posizionamento *bipartisan*, riesce a schierarsi senza ferire alcuna sensibilità. La prova? Alla Mostra del cinema di Venezia ha vinto due premi: uno assegnato da un'organizzazione cattolica, l'altro dall'Unione Atei e Agnostici Razionalisti!

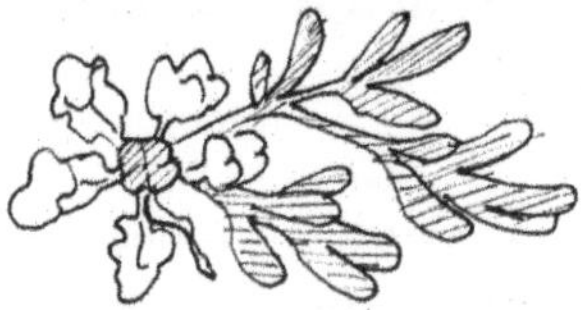

Ringraziamenti

L'autore ringrazia Rachele Cinerari per la complicità e la premurosità nel lavoro di editing. Un ulteriore ringraziamento per il sostegno e i preziosi consigli va a Franco Berteni, Lorena Canottiere, Denise Cappadonia, Denise Casella, Anna Matilde Sali e Sonny Partipilo, Filo Sottile e alla comunità che gravita intorno a Nora Books & Coffee (Torino).

BOOKBLOCK BOOKBLOCK+

Strumenti di autodifesa culturale

Ogni titolo di queste collane è uno strumento per interpretare la realtà – affrontando nuove tematiche o approfondendo singoli argomenti tramite focus specifici – e per immaginare e intraprendere percorsi diversi da quelli canonici. BookBlock e BookBlock+ nascono per dare spazio a quelle voci che esplorano, con riflessioni attuali, temi chiave della contemporaneità.

IL PREZZO DI COPERTINA NON È SCONTATO!

Car* lettor* ci sembra importante farti sapere come nasce il prezzo di copertina di un libro. Bisogna tenere conto di diverse voci che sommate insieme, copia dopo copia, vanno a coprire tutte le spese di produzione del libro e il lavoro di tutt* coloro che hanno contribuito a fartelo arrivare in mano. Ecco allora il prezzo di copertina suddiviso nelle percentuali delle spese di produzione di questo libro:

- **62%** Distribuzione (Distributori - Promotori - Librerie)
- **9,5%** Costi di stampa
- **10%** Diritto d'autore e illustrazioni
- **14%** Amministrazione e gestione della casa editrice
- **4,5%** Spedizioni e promozione